基于地域文化的乡村振兴设计研究

宝娟◎著

黑龙江科学技术出版社

图书在版编目（CIP）数据

基于地域文化的乡村振兴设计研究 / 宝娟著 . -- 哈
尔滨 : 黑龙江科学技术出版社 , 2022.6（2023.1 重印）
ISBN 978-7-5719-1380-9

Ⅰ . ①基… Ⅱ . ①宝… Ⅲ . ①农村—社会主义建设—
研究—中国②地方文化—文化研究—中国 Ⅳ .
① F320.3 ② G127

中国版本图书馆 CIP 数据核字 (2022) 第 065725 号

基于地域文化的乡村振兴设计研究

JIYU DIYU WENHUA DE XIANGCUN ZHENXING SHEJI YANJIU

作　　者	宝　娟	
责任编辑	陈元长	
封面设计	安　吉	
出　　版	黑龙江科学技术出版社	

地址：哈尔滨市南岗区公安街 70-2 号　邮编：150007
电话：（0451）53642106　传真：（0451）53642143
网址：www.lkcbs.cn

发　　行	全国新华书店
印　　刷	三河市元兴印务有限公司
开　　本	787mm×1092mm　1/16
印　　张	11.5
字　　数	170 千字
版　　次	2022 年 6 月第 1 版
印　　次	2023 年 1 月第 2 次印刷
书　　号	ISBN 978-7-5719-1380-9
定　　价	45.00 元

前　言

乡村地区的地域文化是广大农民与所处环境长期协同进化和动态适应之后形成的，分布于具有农业景观的广大乡村地区。乡村振兴的对象是广大乡村地区，突出乡村优先发展的原则，将乡村作为发展的优先地域和主要战场。乡村振兴具有丰富的内容，不仅包括实现农业或者农村现代化发展，还包括要实现产业与生态、文化与社会之间协调发展，从多个方面提高农民的生活水平。乡村振兴的目标与地域文化的目标具有一致性，地域文化所关注的也是地区生态文化环境的构建和人民精神文化水平的提升。

在乡村振兴过程中，地域文化是展现乡村特色的重要因素，对乡村地区的生产生活、社会治理、生态建设具有重要的影响。首先，本书介绍了乡村振兴战略与地域文化的基本内容；其次，对地域文化融入乡村振兴设计进行了分析，阐述了基于地域文化的乡村生态文明建设及基于地域文化的乡村人才培养等内容，对地域文化下的乡村振兴设计做了进一步研究；最后，提出了基于地域文化的乡村治理内容。

本书在编写的过程中，得到了出版社领导和编辑的大力支持，还有许多同事为本书的编写提供了大量的资料，在此一并表示衷心的感谢。由于时间紧、工作量大，书中难免会出现不足之处，恳请大家批评、指正。

目　　录

第一章　乡村振兴战略概述

第一节　乡村振兴战略背景及意义

一、乡村振兴战略的提出背景

乡村振兴战略的提出与我国农村发展的现实背景密切相关。长期以来，在中央发布的一系列农业农村政策的推动下，我国"三农"工作取得显著成效，农业综合生产能力持续提高，经济结构不断优化，农民收入稳步提高，生活条件显著改善，农业农村发展已经站到了新的历史起点上。

（一）农业综合生产能力持续增强

粮食不仅是一般的生活必需品，更是关系国计民生的重要战略物资。改革开放以来，在农村进行的家庭联产承包责任制使农民的生产积极性得到了充分调动，推动了我国农业持续快速发展，综合生产能力持续增强，主要农产品供给量不断提升。从粮食产量上看，1978年我国的粮食总产量是3.05亿吨，1985年增长到3.79亿吨，1996年首次突破5亿吨，在之后的2003年到2015年我国粮食产量"十二连增"，粮食总产量达到6亿吨的高位水平。2019年我国粮食种植面积为11 606万公顷，产量为66 384万吨；2020年我国粮食种植面积为11 677万公顷，产量为66 949万吨。我国的粮食生产能力不断跃上新台阶，解决了14亿人口的吃饭问题，也为全球粮食安全做出了重要贡献。与此同时，经济作物和养殖业快速发展，农产品供应市场也变得更加丰富多样，人民群众对农产品多样化的需求得到满足。

（二）符合我国国情的农村经济体制初步建立

历史已经表明，解决"三农"（农业、农村和农民）问题就必须充分保障农民的物质利益和民主权利，因此我国进行的农村经济体制改革始终以保障农民根本利益作为出发点和落脚点。改革开放以来，秉持这一原则不断深化农村改革，初步建立了符合我国国情和农村发展实际的经济体制。从改革之初废除人民公社的管理体制，实行家庭联产承包责任制，到深化土地制度改革，土地所有权、承包经营权的"两权分离"，再到土地所有权、承包权、经营权"三权分置"，使得农村经济结构从原有的集体所有制，逐步走向以集体所有制为主体、多种所有制共同发展的经济结构。与此同时，坚持从实际出发，立足农村发展实际情况，取消了原有的统购统销制度，逐步开展农产品流通体制改革，确立了农产品价格"市场定价、价补分离"的形成机制，有效强化了市场在资源配置中的基础性作用，为解放和发展农村生产力建立了新的体制基础。

（三）农业经济结构不断优化

改革开放以来，农产品的种植结构不断调整和优化，农、林、牧、渔业全面稳步发展，农村产业结构和布局实现优化升级，我国农业从以种植业为主的传统型农业向多样化发展的现代农业转变。农村产业结构实现了农业与文化、科技、生态、旅游等产业的深度融合，农村经济业态更加多元化。

（四）农民生活水平显著提升

农业生产的发展，给农民生活带来明显改变，农民收入持续增长，生活水平有了显著提升。

从农村文化建设上看，农村文化事业取得重大进步，农民文化生活质量不断提高，精神面貌发生根本变化。尤其是改革开放以来，各级政府持续加大对农村文化建设的投入力度，加快推进农家书屋、农村电影放映、文化信息共享等文化建设工程。

二、乡村振兴的重大意义

（一）实施乡村振兴战略，是实现社会主义现代化建设战略目标的必然要求

农业农村现代化是国民经济的基础支撑，是国家现代化的重要体现。中国要强，农业必须强；中国要美，农村必须美；中国要富，农民必须富。任何一个国家尤其是大国要实现现代化，唯有城乡区域统筹协调，才能为整个国家的持续发展打实基础，提供支撑。

改革开放以来，农业农村总体发展较快，现代化水平有了很大提高，但要清醒地看到，我国仍处于社会主义初级阶段，农业农村是国家全面推进现代化建设中尤其需要补齐的短板。农业受资源和市场双重约束的现象日趋明显，市场竞争力亟待提升，城乡发展差距依然很大，农民收入稳定增长尤其是农村现代文明水平提高的任务十分艰巨。我们必须切实把农业农村优先发展落到实处，深入实施乡村振兴战略，积极推进农业供给侧结构性改革，培育壮大农村发展新动能，加强农业基础设施建设和公共服务，让美丽乡村成为现代化强国的标志，不断促进农业发展、农民富裕、农村繁荣，保障国家现代化建设进程更协调、更顺利、更富成效。

（二）实施乡村振兴战略，是满足亿万农民对美好生活新期待的必然要求

党中央着眼党和国家事业全局，顺应时代发展要求，把握城乡关系变化特征和现代化建设规律，对"三农"工作提出了一系列新论断和新要求，充分体现了以人民为中心的发展思想，科学回答了农村发展为了谁、发展依靠谁、发展成果由谁享有的根本问题。党中央一直以来把依靠农民、为亿万农民谋幸福作为重要使命。这些年来，农业供给侧结构性改革有了新进展，新农村建设取得新成效，深化农村改革实现新突破，城乡发展一体化迈出新步伐，脱贫攻坚开创新局面，农村社会焕发新气象。广大农民得到了实惠，实施乡村振兴战略，推进农业农村现代化建设的干劲和热情空前高涨。

（三）实施乡村振兴战略，是为世界各国贡献中国智慧的必然要求

中国共产党人在革命、建设和改革发展进程中，立足中国国情，进行了许多积极有效的实践探索，不仅在国家富强和人民幸福上取得举世瞩目的巨大成就，而且为全球进步、发展提供了有益的借鉴。多年来，在有效应对和解决农业农村农民温饱问题上，中国创造了乡镇企业、小城镇发展、城乡统筹、精准扶贫等方面的成功范例，成为全球的样板。从世界范围看，在现代化进程中，乡村必然会经历艰难的蜕变和重生，有效解决乡村衰落和城市贫民窟现象，是世界上许多国家尤其是发展中国家面临的难题。在人口众多的中国推进乡村振兴，实现产业兴旺、生态宜居、乡风文明、治理有效、生活富裕，实现新型工业化、城镇化、信息化与农业农村现代化同步发展，不仅是惠及中国人民尤其是亿万农民的伟大创举，而且必定能为全球解决乡村问题贡献中国智慧和中国方案。

第二节　乡村振兴战略的科学内涵

一、产业兴旺是乡村振兴的核心

推动农业乡村发展核心是实现乡村产业发展。乡村产业发展是农村实现可持续发展的内在要求。从中国乡村产业发展历程来看，过去一段时期内主要强调生产发展，而且主要强调农业生产发展，其主要目标是解决农民的温饱问题，进而推动农民生活向小康迈进。从生产发展到产业兴旺，这一提法的转变，意味着新时代党的农业乡村政策体系更加聚焦和务实，主要目标是实现农业乡村现代化。产业兴旺要求从过去单纯追求产量向追求质量转变、从粗放型经营向精细型经营转变、从不可持续发展向可持续发展转变、从低端供给向高端供给转变。城乡融合发展的关键步骤是乡村产业融合发展。产业兴旺不仅要实现农业发展，还要丰富乡村发展业态，促进乡村一、二、三

产业融合发展，更加突出以推进供给侧结构性改革为主线，提升供给质量和效益，推动农业乡村发展提质增效，更好地实现农业增产、乡村增值、农民增收，打破乡村与城市之间的壁垒。农民生活富裕的前提是产业兴旺，而农民富裕、产业兴旺又是乡风文明和有效治理的基础。只有产业兴旺、农民富裕、乡风文明、治理有效有机统一起来，才能真正提高生态宜居水平。

二、生态宜居是乡村振兴的基础

乡村振兴战略提出要建设生态宜居的美丽乡村，更加突出了新时代重视生态文明建设与人民日益增长的美好生活需要的内在联系。乡村生态宜居不再是简单强调单一化生产场域内的"村容整洁"，而是对集"生产、生活、生态"于一体的内生性低碳经济发展方式的乡村探索。生态宜居的内核是倡导绿色发展，是以低碳、可持续为核心，是对集"生产场域、生活家园、生态环境"于一体的复合型"村镇化"道路的实践打造和路径示范。绿水青山就是金山银山。乡村产业兴旺本身就蕴含着生态底色，通过建设生态宜居家园实现物质财富创造与生态文明建设互融互通，走出一条中国特色的乡村绿色可持续发展道路，在此基础上真正实现更高品质的生活富裕。同时，生态文明也是乡风文明的重要组成部分，乡风文明的内涵则是对生态文明建设的基本要求。此外，实现乡村生态的良好治理是实现乡村有效治理的重要内容，治理有效必然包含着有效的乡村生态治理体制机制。从这个意义上而言，打造生态宜居的美丽乡村必须把乡村生态文明建设作为基础性工程扎实推进，让美丽乡村看得见未来，留得住乡愁。

三、乡风文明是乡村振兴的关键

文明中国根在文明乡风，文明中国要靠乡风文明。乡村振兴想要实现新发展，彰显新气象，传承和培育文明乡风是关键。乡土社会是中华民族优秀传统文化的主要阵地，传承和弘扬中华民族优秀传统文化必须注重培育和传承文明乡风。乡风文明是乡村文化建设和乡村精神文明建设的基本目标，培育文明乡风是乡村文化建设和乡村精神文明建设的主要内容。乡风文明的基础是重视家庭建设、家庭教育和家风家训培育。家庭和睦则社会安定，家庭幸福则社会祥和，家庭文明则社会文明；良好的家庭教育能够授知识、育品德，提高精神境界、培育文明风尚；优良的家风家训能够弘扬真善美、抑制假恶丑，营造崇德向善、见贤思齐的社会氛围。积极倡导和践行文明乡风能够有效净化和涵养社会风气，培育乡村德治土壤，推动乡村有效治理；能够推动乡村生态文明建设，建设生态宜居家园；能够凝人心、聚人气，营造干事创业的社会氛围，助力乡村产业发展；能够丰富农民群众文化生活，汇聚精神财富，实现精神生活上的富裕。实现乡风文明要大力实施乡村优秀传统文化保护工程，深入研究阐释乡村优秀传统文化的历史渊源、发展脉络、基本走向；要健全和完善家教家风家训建设的工作机制，挖掘民间蕴藏的丰富家风家训资源，让好家风好家训内化为农民群众的行动准则；要建立传承弘扬优良家风家训的长效机制，积极推动家风家训进校园、进课堂活动，编写优良家风家训通识读本，积极创作反映优良家风家训的优秀文艺作品，真正把文明乡风建设落到实处，落到细处。

四、治理有效是乡村振兴的保障

实现乡村有效治理是推动乡村稳定发展的基本保障。乡村治理有效才能真正为产业兴旺、生态宜居、乡风文明和生活富裕提供秩序支持，乡村振兴才能有序推进。新时代乡村治理的明显特征是强调国家与社会之间的有效整合，盘活乡村治理的存量资源，用好乡村治理的增量资源，以有效性作为乡村治理的基本价值导向，平衡实施村民自治以来乡村社会面临的冲突和分化。也就是说，围绕实现有效治理这个最大目标，乡村治理技术手段可以更加多元、开放和包容。只要有益于推动实现乡村有效治理的资源都可以充分整合利用，而不再简单强调乡村治理技术手段问题，忽视对治理绩效的追求和乡村社会的秩序均衡。这不仅是实现乡村治理有效的内在要求，也是实施乡村振兴战略的重要组成部分。这充分体现了乡村治理过程中国家与社会之间的有效整合，既要盘活村民自治实施以来乡村积淀的现代治理资源，又要毫不动摇地坚持依法治村的底线思维，还要用好乡村社会历久不衰、传承至今的治理密钥，推动形成相辅相成、互为补充、多元并蓄的乡村治理格局。从民主管理到治理有效，这一定位的转变，既是国家治理体系和治理能力现代化的客观要求，也是实施乡村振兴战略，推动农业乡村现代化进程的内在要求。而乡村治理有效的关键是健全和完善自治、法治、德治的耦合机制，让乡村自治、法治与德治深度融合、高效契合。例如，积极探索和创新乡村社会制度内嵌机制，将村民自治制度、国家法律法规内嵌入乡规民约、乡风民俗中去，通过乡村自治、法治和德治的有效耦合，推动乡村社会实现有效治理。

五、生活富裕是乡村振兴的根本

生活富裕的本质要求是共同富裕。改革开放四十多年来，乡村经济社会发生了历史性巨变，农民的温饱问题得到彻底解决，乡村正在向着全面建成小康社会迈进。但是，广大乡村地区发展不充分、不平衡的问题也日益凸显，积极回应农民对美好生活的诉求必须直面和解决这一问题。生活富裕不富裕，对于农民而言有着切身感受。长期以来，乡村地区发展不充分、不平衡的问题无形之中让农民感受到了一种"被剥夺感"，农民的获得感和幸福感也随之呈现出"边际现象"。也就是说，简单地靠存量增长已经不能有效提升农民的获得感和幸福感。生活富裕相较于生活宽裕而言，虽只有一字之差，但其内涵和要求却发生了非常大的变化。生活宽裕的目标指向主要是解决农民的温饱问题，进而使农民的生活水平基本达到小康，而实现农民生活宽裕主要依靠的是乡村存量发展。生活富裕的目标指向则是农民的现代化问题，是要切实提高农民的获得感和幸福感，消除农民的"被剥夺感"，而这也使得生活富裕具有共同富裕的内在特征。如何实现农民生活富裕？有效激活乡村增量发展空间是解决农民生活富裕问题的关键。而乡村振兴战略提出的产业兴旺则为乡村发展提供了方向。

第三节　乡村振兴战略的理论基础

一、中国古代的重农思想

早在原始社会部落联盟的尧、舜、禹时期，中国就出现了农业管理思想，设立了掌管治水、农耕、渔猎的官职。到了春秋战国时期，列国并立，群雄争霸，富国强兵成为诸侯国一致追求的目标。富国和强兵都离不开农业生产的发展，于是形形色色的重农思想登上了历史的舞台。

（一）"轻重论"

"轻重论"的代表人物是桑弘羊（前152—前80），西汉洛阳人，少时入宫当汉武帝的侍从，官拜大司农、御史大夫等职。他是西汉著名的理财专家，参加过汉武帝时盐铁官营、均输、平准和统一铸币等重要经济政策的制定与实施，对当时的经济发展和国家建设起过十分重要的作用。桑弘羊是历史上第一个敢于对"农业富国"正统思想提出异议的人。汉昭帝始元六年（前81年）召开了一次著名的"盐铁会议"，在与参加会议的各方贤良的大辩论中，桑弘羊比较系统而集中地阐述了他的经济观。针对反对派提出的"故衣食者民之本，稼穑者民之务也，二者修，则国富而民安也"的观点，桑弘羊反驳道："富国何必用本农，足民何必井田也？"他接着指出："故物丰者民衍，宅近市者家富。富在术数，不在劳身；利在势居，不在力耕也。"这就是说，富庶的地方人口就会繁衍，靠近市镇的人家就容易致富。致富的关键在于技巧和手段，不在于苦力劳作；获利的关键在于住所（店铺）的有利位置，不在于种地耕耘。因此，桑弘羊等人竭力主张国家利用农产品交易中的价格变化规律，控制生产、分配、消费全过程以达到全面垄断国民经济的目的。这一过程的专门术语叫"行轻重之术"。

桑弘羊的理论有以下依据。第一，影响市场商品价格的要素来自三个方面：一是年成丰歉和农作物收获的季节变化，"岁有凶穰，时有春秋，故谷有贵贱"；二是商人的囤积聚散，"聚则重，散则轻"；三是政府的赋税征收，"急则重，缓则轻"。第二，国家可以利用"物多则贱，寡则贵"的物价变动规律来增加财政收入，"人君操谷币金衡，而天下可定也"，这么做即使不向百姓征收人口税（万民无籍），财富也会流入国库之中。第三，国家利用"轻重之术"来聚敛财富，在政治上也有多方面的好处，"取之于民而民无以怨"，避免巨商大贾"豪夺吾民"，能使黎民百姓"无不系于上"。因此，桑弘羊主张"行轻重之术"以实现国家对农业生产和社会财富的调控与管理。

与"轻重论"相反的经济管理理论是司马迁提出的"善因论"。语出《史记·货殖列传》："故善者因之，其次利道之，其次教诲之，其次整齐之。最下者与之争。"这段话的核心是"因之"。司马迁在它之前加上"善者"，观点十分明确，即主张国家应当顺应经济的自然运行，减少对经济活动的干预。在"因之"的前提下，可以通过让利于民的办法引导人民从事某些有利于国家经济全局的活动，这叫"利道之"；还可以采用教育感化的办法来规范人们的经济行为，这叫"教诲之"；还必须采取行政法律手段来强化经济秩序，整顿经济活动中的不法行为，这叫"整齐之"。可见，司马迁并非主张对经济活动采取听之任之的无政府主义。在司马迁看来，政府只是经济活动的管理者，如果直接参与经济经营就是"与民争利"，就会扰乱经济活动的正常运行。因此，他认为轻重论学派的干预主义是"最下者"。

司马迁的理论依据如下。第一，经济活动的动力来自人们的求富欲望。他说，"富者，人之情性，所不学而俱欲者也"，"天下熙熙，皆为利来；天下攘攘，皆为利往"，用不着政府去干预。但是对那些"玩弄法律条文"的人，必须施行惩罚制裁。第二，人们的物质需要是多方面的。司马迁有一段话很精彩："故待农而食之，虞而出之，工而成之，商而通之。……人各任其能，竭其力，以得所欲。故物贱之征贵，贵之征贱。各劝其业，乐其事，若水之趋下，日夜无休时。"意思是农、虞、工、商是国家的四大经济部门，只要人们依法从事经济活动，政府就别去干预，某种商品的价格低了人们会减少生产，自然就会变贵（物贱征贵），反之也一样。第三，人们的贫富差别是由人的能力大小造成的，"巧者有余，拙者不足"是天经地义的事情。总之，"善因论"主张国家减少对经济活动的干预，顺应经济的自然发展，只要适当加以"利道""教诲""整齐"等手段，就能实现"上则富国，下则富家"的经济管理目标。

（二）农业"三才"论

古代思想家对农业与自然环境、农业资源配置利用等问题也提出过许多经世致用的思想，"三才"论就是其中具有农业哲学意义的一个宏观性的理论。

"三才"始见于《周易》"说卦"，专指哲学概念的天、地、人，也称天道、地道、人道。战国时代的许多思想家从不同角度论述了"三才"之间的相互关系。管子将"三才"称为"三度"，"所谓三度者何？曰：上度之天祥，下度之地宜，中度之人顺"。孟子指出，"天时不如地利，地利不如人和"。荀子从治国理财的角度强调，"上得天时，下得地利，中得人和"，才能实现国家富强的目标。《吕氏春秋》第一次将"三才"思想用于解释农业生产："夫稼，为之者人也，生之者地也，养之者天也。"这里的"稼"，指农作物，也可泛指农业生产活动，"天""地"则指农业生产的环境因素，"人"是农业生产活动的主体。这段话是对农业生产诸要素之间的辩证关系的哲学概括。其中，突出之处在于它阐述了农业生产的整体观、联系观、环境观，在我国传统农学中占有重要的指导性地位。

北魏农学家、《齐民要术》作者贾思勰继承和发展了"三才"思想。他指出，人在农业生产中的主导作用是在尊重和掌握客观规律的前提下实现的，违反客观规律就会事与愿违，事倍功半。他说："顺天时，量地利，则用力少而成功多。任情返道，劳而无获。"他甚至将"任情返道"（违反客观规律）的行为讽喻为"入泉伐木，登山求鱼"。在"三才"农业哲学思想影响下形成的中国传统农学，特别强调生产安排的因时、因地、因物制宜的"三宜"原则。明代农学家马一龙对此有一段富于哲理的阐述，他说："知时为上，知土次之。……知其所宜，避其不可为，力足以胜天矣。"

在"三才"思想所推崇的农业环境观影响下，我国在公元前三四世纪以前就产生了保护农业资源的意识，并在政策措施上予以体现。《礼记·月令》中明确规定，在"天气下降，地气上腾，天地和同，草木萌动"的孟春季节，"禁止伐木，毋覆巢，毋杀孩虫、胎、夭、飞鸟，毋麛毋卵"。及至仲春之月，一方面要求统治者"毋作大事，以妨农之事"，另一方面还强调"毋竭川泽，毋漉陂池，毋焚山林"。这种资源保护意识普遍受到先秦思想家的认同和重视，有关的论述不胜枚举。例如，《吕氏春秋》说："竭泽而渔，岂不获得？而明年无鱼。"荀子说："污池渊沼川泽，谨其时禁，故鱼鳖优多而百姓有余用也。"还特别强调要做到"罔罟、毒药不入泽，不夭其生，不绝其长也"。孟子说："斧斤以时入山林，林木不可胜用也。"当我们拂去历史的尘封，这些先知先觉的资源保护思想，在今天依然绽放出夺目的光芒。

（三）对重农思想的评价

重农思想是在传统农业社会的历史条件下提出的，带有深刻的历史局限和时代烙印。

1. 重农思想的出发点是维护封建专制统治

重农思想的核心在于重"民"。但"民"从来都不是权力的主体而是客体。"民"在任何时候都是被怜悯的对象，"君"才是主宰。重农的结果只能培育出对"皇权"与"官"的顺从和服从。皇权专制和官本位的存在，使得以农民为主体的中国封建社会缺乏民主意识，农民从来都不能平等地表达自己的利益诉求。农民的利益和权益常常被侵犯和剥夺，因此造成了无数次惨烈的农民起义和农民战争。两千多年的封建社会都是在"治乱交替"中发展演进的。封建统治者提出"民为邦本""民贵君轻""吏为民役"等"重农"思想，只是为了缓和阶级矛盾的政治话语。一个不能维护大多数社会成员利益的社会不可能做到"长治久安"。

2. 重农思想的本质是加大对农民的剥夺

中国过去几千年都处于农业社会。其主要特征是以农养生、以农养政。人要生存，靠农业提供衣食之源。国家政权要正常运转，靠农业提供财政来源。历代君王都深知"国之大事在农",不得不"以农为本",实行重农政策，他们把土地、户籍和赋税制度捆在一起，逐渐形成了一整套封建制度。虽然有过几次税费改革，在纳税对象、方式、时间等方面加以调整，但征税总量有增无减，因此并未从根本上改变重税的本质。显然，传统的重农思想在于重视农业生产、重视农业税收、重视农民力量的利用。目的是实现富国强兵，结果是损害农民利益。简而言之，重农民之"力"，而不重农民之"利"。在这种社会制度下，农民即使生产再多的农产品，也没有完全享有劳动成果和自由买卖的权利，要么体会被无偿掠夺的滋味，要么忍受终年劳役的痛苦。我们从《诗经·魏风·伐檀》中就可以看到，春秋时代农民就有"不稼不穑，胡取禾三百廛兮"的不满。后来更有不少文人写下了数不清的怜悯农民、同情农民的诗文，发出了无数像"苛政猛于虎"的惊叹。一旦统治者肆无忌惮地向农民横征暴敛，苦难的积聚超出农民的承受程度，农民求生而不能，就只好揭竿而起。历史上发生的无数次农民起义均是由农民负担太重而引发的。因此可以看出，在传统的农业社会实行重农政策是一种必然的选择，而且也曾创造出悠久的农业文明，但是由于统治者往往走进重税的误区，所以也一直存在着严重的农民、乡村、农业问题。

3. 重农思想忽视科学技术的发明创造

中国传统的重农思想注重协调农业与环境、人与社会的关系，注重治国之道，强调治国安邦的适用性。历朝历代的统治者基于重农思想而制定的封建农业政策，有效地调控了农业社会的运行，创造了高度的农业文明。但是，中国近代以来的落后，从经济上来看，仍是农业文明相对于工业文明的落后。

二、西方经济学派关于乡村发展理论

西方经济学家大多把农业看成是促进工业化的一种手段，它的作用主要是向工业提供过剩劳动力、资本和粮食。

（一）刘易斯的乡村发展理论

美国著名发展经济学家、诺贝尔经济学奖获得者威廉·阿瑟·刘易斯

（William Arthur Lewis，以下简称"刘易斯"），依据发达国家经济发展的经验材料，于 1954 年发表了《劳动无限供给条件下的经济发展》一文，提出了"发展中国家经济二元结构"的著名理论。他指出，发展中国家一般存在两个性质完全不同的部门：一个是现代部门，是使用再生产性资本，采用机器大工业的生产方式，具有较高劳动生产率，是收入水平较高的部门；另一个是传统部门，主要是农业部门，不使用再生产性资本，主要采用手工劳动，相对于资本和自然资源而言，由于人口存量大，劳动的边际生产率很低，甚至为负数，收入水平低。传统农业部门存在大量的隐性失业者，这既是传统部门生产水平低下的主要原因，又是现代部门扩张需要劳动力的来源。而这种二元经济发展的核心问题是如何促进传统农业部门剩余劳动力向现代部门的转移。

（二）拉尼斯和费景汉的乡村发展理论

美国耶鲁大学（Yale University）经济增长中心的费景汉（John C. H. Fei）和古斯塔夫·拉尼斯（Gustav Ranis）等人把刘易斯模型向前推进了一步，提出了系统的工业化理论，深化了对农业在经济发展中作用的认识。在他们的模型中，经济发展被分为三个阶段。第一阶段，农业中存在着剩余劳动力，随着工业的扩张，剩余劳动力向工业转移。工业的增长从劳动力和农业剩余两个方面依赖于农业的支持。第二阶段，随着工业的发展和劳动力的继续转移，农业中劳动力的边际产量不再为零，人均农业剩余开始下降。这时提供农业剩余，促进农业增长成为工业增长的前提。只有不断促进农业增长，才能不断增加农产品供给，避免农产品短缺造成粮食价格的大幅度上涨。因此，提高农业生产率可以加速二元经济的转化。第三阶段，农业被改造成一个现代化的产业部门，农业的工资水平也是由劳动边际生产率决定的，二元经济转化为一元经济。

（三）舒尔茨的乡村发展理论

20 世纪 60 年代初期，美国著名经济学家西奥多·W. 舒尔茨（Theodore W. Schultz，以下简称"舒尔茨"）在芝加哥大学（The University of Chicago）

工作期间完成的《改造传统农业》（*Transforming Traditional Agriculture*）一书，提出了发展中国家进行农业现代化改造的途径、重点和机制。他反对在现代化过程中轻视农业的看法，认为"并不存在任何一个国家的农业部门不能对经济增长做出重大贡献的基本原因"。但发展中国家的传统农业不可能为经济增长做出贡献，关键在于未能把现代生产要素引入传统农业，促进传统农业向现代化农业转型。而要把传统农业改造成能够为经济增长做贡献的现代生产部门，舒尔茨建议：一要建立一套有利于农业转型的制度，建立市场机制以形成对农民行为的有效激励，改革低效率的土地制度，建立所有权与经营权合一的、能适应市场化的家庭农场经济体制。二要增加现代农业要素投资。引进现代生产要素是改造传统农业的根本出路，要从供给和需求两方面为引进现代生产要素创造条件，供给分为研究开发与推广两方面，主要应由政府或其他非盈利企业来进行。

在工业化中期，不同国家或地区反哺农业的政策随着经济的不断发展进行不断调整，由此可划分为转折期和大规模反哺期。转折期的始点是刚跨入工业化中期阶段的时间。以 M. 塞尔昆（M. Syrquin）等设计的标准模型为基准，按照从最不发达国家到最发达国家变化过程完成 1/3 时界定为进入工业化中期阶段，这时人均 GDP 超过 1064 美元（1992 年）、城市化超过 30.5%、农业产值比重低于 39%、农业就业比重低于 52%、初级产品出口占 GDP 比重低于 10.5%。研究表明，属于转折期的美国在 1900 年、德国在 1913 年、日本在 1936 年、韩国在 1970 年，均开始实行对农业的扶持政策。

第二章　地域文化的概念与表达

第一节　地域文化的内涵

一、地域

（一）"地域"概念的客观规定性

"地域"这一概念，就其字面意思而言，说的是土地的范围或地区范围，指的是由某种自然地理环境所构成的空间，所以古书云："凡造都鄙，制其地域，而封沟之。"元稹在《沂国公魏博德政碑》中也写道："兴（田承嗣之侄子田兴——引者注）乃图六州之地域，籍其人与三军之生齿，自军司马已下，至于郡邑吏之废置，尽献于先帝。"而作为地理学上的一个概念，地域（区域）是指人类生存的某一特定地理环境，具体的地域解释是这样的："它是地球表层的一个片段。具有一定的面积、形状、范围或界线，其内部的特定性质或功能相对一致而有别于外部毗邻地区……"R.哈特向（R. Hartshorne）认为："一个区域就是一个具有具体位置的地区，在某种方式上与其他地区有差别，并限于这个差别所延伸的范围之内。"显然，地理学上的地域概念，完全等同于区域概念，类似于人们常说的"本乡本土"的意思。

不过，自然地理环境自身无法构成"地域"。也就是说，"地域"概念包含自然地理环境这一地理学含义，但单纯的地理学意义无法指称"地域"这一概念。这是因为，"地域"除了指明某种自然地理环境，更主要的是指"自然的人化"，即人类对自然地理空间加以塑造的结果，即"地域"也意指一种"人化"的地理空间。而这样，"地域"这一概念就逐步进入了人们的文化视野之中。从文化的角度来看，"地域"的含义就大大扩展并不断丰富。故人们在使用"地域"这一概念时，除了具有某种自然地理区域的理解，更主要的是意指某种经济的、政治的、文化的，乃至心理的空间。

"地域"作为具有人文属性的概念，又隐含了历史性的时间向度。地理环境的自然变迁，可以视为一种时间性的事件，但不一定是历史性的。《尚书·禹贡》所言"禹别九州，随山浚川，任土作贡"，正是说明人的活动使得空间性的地理概念被赋予了历史意义。有学者指出，从地域区划的历史来看，它可能经历过从自然地域、种族地域到政治地域、文化地域和经济地域等阶段，这就是"地域"的历史形成和演化。这样的认识，揭示了"地域"概念的时间性历史内涵。当然，地域还是一个比较性的概念，因此必定要有某种可资比较的参照物或参照系。地域又是一个立体的概念，自然地理或自然经济地理之类可能是其最外在最表层的东西，再深一层的是风俗习惯、礼仪制度等，而处于核心的、深层（内在）的则是心理、价值观念。在进行研究时，必须把它们看成是一个有机的整体。

首先，"地域"概念必须具有相对较为明确而稳定的空间形态规定性。"地域"的空间形态是指有一定具体而完整的地理空间和相对较为清晰的地理边界的地理范围，这是"地域"概念的一个充要条件，离开了这个条件，就无所谓地域了，只有有了具体的地域范围，才能谈论地域概念。例如，"齐鲁"地域概念，它是中国地域（区域）范围名称，现今实指山东。"齐鲁"之名始于先秦齐、鲁两个封国，到战国末年，随着民族融合和人文同化的基本完成，齐、鲁两国文化也逐渐融合为一体。那么，齐国是指以淄博为国都，泰山以东的大片土地；鲁国是指以曲阜为国都，泰山以西的小块土地。公元前256年楚国灭鲁国，公元前221年秦国灭齐国，因为文化的一体，"齐鲁"形成一个统一的文化圈，由统一的文化圈形成了"齐鲁"的地域概念。这一地域与后来的山东省区范围大体相当，故成为山东的代称。又如，"湖湘"地域概念，尽管在历史发展过程中，地理范围不断发生变化，但其具体的地域空间是指洞庭湖以南的湘江流域的主要范围。因此，谈论"地域"，其相对明确而稳定的空间形态是一个基本的前提。

其次，"地域"概念必须具有其本质属性的文化形态规定性。"地域"

仅仅具有相对稳定的空间形态是远远不够的，因为一定的"地域"之内必定有一定的人类居住，只要有人类居住、生活、繁衍的地域，也必定会有人类各种各样的社会活动。换言之，"地域"是人化的地域，所以"地域"除了有自然的、空间的意义，还具有政治的、经济的、军事的和文化的意义。这是"地域"概念的本质属性，也是地域和地域文化理解中最为重要的内容。而地域之文化形态，实际上是地域文化的历史性及其传统。任何一种地域形态都是一定历史积淀的结果。有历史必有其传统，反之亦然。假如没有历史，传统就成了无源之水、无本之木；假如没有传统，历史的发展也就无法想象。从这个角度来说，"地域"又是一个历史的概念。"地域"概念的历史性是极其丰富的，可以从地域的历史沿革、地域的历史风物、地域的历史遗存、地域的历史人物等方面去认识和理解。如地域的历史沿革一般经历过从自然地域、种族地域到政治地域、文化地域和经济地域等阶段，自然因素、种族因素在早期的地域划分中，表现得尤为明显且占主导地位。因自然因素而划分的地域，如前述之"湘楚"地域、"齐鲁"地域历史流变。因种族因素而划分的地域，如神话传说中的黄帝、炎帝与蚩尤之战，黄帝与炎帝之战，都是种族部落的地域之争。古书中经常提及的"东夷""西羌""南蛮""北狄"，也是将种族与地域结合起来。其后则是以政治、军事为主，所谓"惟王建国，辨方正位，体国经野，设官分职，以为民极"，已经表明区域的政治性划分观念的完成。进入现代社会以后，经济、文化的因素越来越重要，许多区域主要因其经济上的原因而紧密地结合在一起。但这只是一个大致的描述，并不是十分严格的科学划分，因为有时时代会错位，有时各种类之间或许有交叉，各局部间发展也并不平衡。

　　最后，"地域"是一个立体式的综合性概念。这种立体式综合性，在形态上可以表现为物质的、制度的、行为的和精神的等不同层次；在结构上可以表现为政治的、经济的、文化的、军事的、宗教的等不同面相。无论是地域的形态层次，还是地域的结构面相，都是相互依存、相互联系而成为一个有机整体的。地域概念的这种立体式综合性特征就显而易见了。就地域的物质性特征而言，自然地理或自然经济地理之类可能是其最外在、最表层的要素；其制度性、行为性特征是风俗习惯、性情秉性、礼仪制度等，相较于物质性因素就深入了一层；而处于地域概念核心的、深层（内在）的则是心理、价值观念等，具有精神的特点。它们都从不同方面对文化产生影响。比如，自然地理方面：地势平坦（草原、平原等），可令人心胸开阔；山势险峻，可能令人具有求新求奇的浪漫气质；风景秀丽，可能令人柔媚多情；面江临海，可能令人富于冒险精神；等等。又如，经济地理方面，农耕文化的安土重迁、游牧文化的富于豪放性、海洋文化的富于探险精神等。在诸种因素中，深层的心理、价值观念才是最为核心的东西，但其又是在前者的基础上形成的。据此，地域的这种形态性和结构性因素，实际在各个层面上并非如此界线分明、互不相关，而是相辅相成、互为关联、互相影响并制约的，它们共同起作用，形成一个有机的整体。

（二）两种常见的"地域"划分视域

从"地域"划分的实际情形来看，可以从空间、自然、经济、政治、社会、文化等不同视域划分，一般而言，历史上和学术界使用得最多的还是行政（政治、社会）划分和文化划分。今人对地域文化的研究也大多采取这两种方式，或以行政区域，如历史上的封国、邦国、郡县，直至现在以省市为单位命名的地域文化；或以文化区域，如晋、徽、闽、楚、吴越、巴蜀、齐鲁、湖湘、东北之类的地域文化。所以，不妨从这两种地域划分谈起。

第一种是由行政区划来决定地域范围。行政区划，又称"政区"，是一个国家为了进行分级管理而实行的区域划分。由于每个国家历史发展和民族等各方面的原因，其行政区划的划分各有差异，但不管行政区划有何不同，其代表一定范围之内的地域都是相同的行政区划，随着国家的产生而产生。按地域划分行政区而不依氏族划分部落，这是国家区别于氏族组织的一个基本特点。不论何种类型的国家，行政区域的划分总要符合统治阶级的根本利益，同时顾及政治、经济、文化、民族、地理、人口、国防、历史传统等多方面的因素。随着现代社会生产力的发展，经济因素起着重要的作用。

在我国漫长的古代历史发展长河中，每个朝代的地方行政区域的划分制度一直处在不断变化之中，我国最早实行的是"九州"制和"十二州"制。《汉书·地理志》说，在原始社会的黄帝时代已经开始"画野分州"，每一万平方里为一州；尧时分天下为十二州，大禹治水后又分天下为九州。在《尚书·禹贡》中详细记载着九州的名称，它们是冀、兖、青、徐、扬、荆、豫、梁、雍。其他古籍所记载的九州名称与《尚书·禹贡》稍有出入。十二州的说法，最早见于《尚书·尧典》，有列出州名。因此，"九州"一说要比"十二州"的影响大，后来"九州"也就成了中国的别称。

与九州、十二州同时并行的还有"畿服"之制。"畿"是指王朝都城周围的地方。畿外诸侯国是王朝管辖区域内的行政组织，其主要职责是保卫王室，防止外敌入侵。畿内畿外诸侯都要臣服于天子，史称"畿服"。西周将其制度化，形成统治者将都城以外的地区按其与王朝的关系及地理远近划分区域的制度。具体而言，这是以一个国家的都城为中心，每向外方圆五百里逐次划分成甸、侯、绥、要、荒五服，也有划分成九服的。但以上十二州、九州和畿服制，只是后代学者在追忆历史时表达的一种理想主义的说法，并非真正实行了的地方行政区域的划分制度。因为这些均不是尧舜禹时期真实的行政区域划分，也不是春秋战国时期的政区划分，它只是先秦时期人们对自然地理的一种区域性认识。这一点，只要读一读《尚书·禹贡》便不难了解。1200字左右的《尚书·禹贡》虽然较详细地叙述了各州的特殊贡品及运送物品之贡道，但更多的是记述自然地理。所谓"禹别九州"，其实就是以山、水为标志，将天下分为九个区域，并对各个不同区域的大小、土壤、物产——加以叙述，不妨称为"自然地域"或"自然经济地域"。

第二种是由一定的文化形态来决定地域范围。从广义的角度而言，地域也是一种文化现象。一方面，因为地域为人类提供了基本的生存需求，使得人类在一定的地域范围之内不断栖息延续下去；另一方面，人类在其生活的地域范围之内利用自己的智慧和毅力不断创造性地改变着地域，使得纯粹自然的地域不断"人化"和具有人文意蕴。所谓"人类诗意地栖居"，大概也是讲的这个道理。正因为如此，我们说"地域"的本质属性不是它的自然性，而是它的文化属性。所以，以一定的文化属性或者文化形态来区分地域也就成了人们认识地域最常见的方法与途径。例如，在学术界常常讲到的海洋文化、内陆文化、草原文化、农耕文化等，实际上不只是提及这些文化的类型和样式，同时也意味着某一特定的地域范围。例如，海洋文化就特指欧洲地中海周边的一些国家和地区，草原文化也意味着是蒙古和我国的内蒙古。这种由文化因素来决定地域范围的视角，在现代社会中越来越受到人们的重视。

然而，上述两种划分地域的视角或者方法，并不是彼此孤立而独自存在的。其实，在某种历史背景下，行政区域有时可以转变成文化区域，而文化区域也可能会变成行政区域。这一点，从《汉书·地理志》中也可以得到印证。《汉书·地理志》先录《尚书·禹贡》和《周礼·夏官·职方氏》中的文字（这是叙述地理之缘起），然后叙述汉兴后天下郡国，最后以秦、韩、燕、齐、鲁、卫、吴、粤、越九地分记各地风俗（此为汉代之文化区域）。这种叙述方式很值得关注，它说明两个相辅相成的问题：一是行政区域与文化区域并不等同，所以《汉书·地理志》中分别以郡国来叙述汉代行政区域，而以秦、韩、燕等九地来记述风俗；二是行政区域也可以转化为文化区域，《汉书·地理志》中所列的秦、韩、燕等九地本为先秦时诸侯之封地，是政治区域，但到了汉代，显然已演变成了文化性的区域。

事实上，由于长时间处在相对密集的生存环境下，许多政治区域逐渐形成了相对稳定的文化形态，因而使行政区域兼有鲜明的文化区域色彩。从历史上来看，我国自宋代后，这种情况尤为明显，从宋代广泛出现的舆地类著作中目录内容可以得到最为有力的证明。如《太平寰宇记》不只是记述了宋朝的疆域版图，在州府下除列有沿革、领县、四至八到、户数等项外，还在原来地理志体例的基础上增加了"风俗""姓氏""人物"等文化意味较强的门类，这种以人文结合地理的方式被后世地志奉为典范，后世认为"盖地理之书，记载至是书而始详，体例亦自是而大变"。还有成书于南宋中期的《舆地纪胜》则更为详尽。该书以南宋统治区为限，起行在所临安府，迄剑门军，共计府、州、军、监一百六十六。每一府、州，除了记述其沿革，还有风俗形胜、景物、古迹、官吏、人物、仙释、碑记、诗、四六等十二门。

由此可见，并非所有行政区域都有相对稳定的文化形态，由于受政治、军事、经济，甚至文化的影响，历代行政区域不断变更，州、郡、府、县或置或废，或并或分，无有定准，这就不能不影响区域文化的形成和稳定，因此在使用政治性区域与文化性区域的划分时，就不能不谨而慎之。

（三）"地域"概念的本质性特征

由此可见，认知"地域"概念要考虑的因素实在很多，因为"地域"所承载的物质的和非物质的、自然的与人文的、具体的与抽象的、历时性的与共时性的、传统的与现代的等实在太多。其本质性定义难以概括所有，所以我们只能说"地域"是以自然地理空间为基础的人文历史空间，或者说，"地域"是指在一定的地域空间范围内自然要素与人文因素作用所形成的综合体。自然要素和人文因素构成了"地域"概念的基本规定。在这两种基本内涵中，人文因素的意义是"地域"概念的更深层次的规定。概而言之，"地域"一般具有区域性、人文性和系统性三个特征。

区域性是人们界定一个地方的主要依据。每一个地理事物都发生在一个具体的时空范围内，见证于具体的人群。因此，区域性就成为地域特征的一个标志性特点。

人文性成为人们研究一个地方的重要吸引力。可以这样说，只要人的意识所到之处，并与现实物质存在发生关联，它就在某种程度上预言了某种或者多种可能的人文性。地域文化特色主要就是在基于自然条件的基础上去深刻把握人文因素的突出内涵。因此，地域的另一个突出特点是鲜明的人文性。否则，人类所从事的一切地域活动就没有任何意义。正像天然的各种非意识物体存在世上不知为何一样。所以，从这个意义上来看，地域的人文性就是人类所体现的比较科学的意识行为，它包括了物质的和非物质的行为。

系统性是指地域所反映的事物或者关系按不同功能组成的错综复杂但有

序的综合体。单一的地理因素或者事件等无法形成地域空间。比如，人们一谈到某一个国家或者某一个地方，既要谈及它的地理位置、自然要素、人口、土地面积等要素，又要谈及它的兴起、发展历史、政治体制、经济要素，乃至文化传承、宗教信仰、民情风俗。单就某一项因素的言说和认知，根本无法认清该地域的全貌。只有基于系统性的认知，才能将一个完整的地域概貌呈现出来。因此，人们在研究一个地域空间时，往往需要用综合的眼光来看待分析，才能全面、科学、生动地把握各种要素及其相互关系。

当然，地域还会有其他特征，如历史性、差异性等。认识这些特点，有助于人们更好地认识一个地域空间，有助于人们更好地从事各种地域活动。

二、文化

地域文化属于文化研究的范畴，地域文化的概念与文化概念密不可分。考查地域文化概念并分析其内涵，有必要借助文化概念研究的主要成果，然而认识、理解文化概念并不是一件容易的事情。因为当下每一位接触到文化或进行文化问题研究的人，都会在一开始遇到有关文化定义问题的困扰。自从"文化"一词出现到现在，由于文化事项的纷繁复杂、多姿多彩，学者从不同的学科角度和研究取向，给予文化不同的解读与界定，现在有关文化的界定有 200 多种，甚至有学者将之称为"文化定义现象"。所以，尽管地域文化有其自身的特殊性，"文化"概念的考查和分析亦属题中应有之义。

从总体上看，文化的含义主要基于两种基本运用：第一，作为一般词语；第二，作为分析性范畴。其中，作为一般词语主要是指某些兴趣、活动和成就。而作为分析性范畴，文化概念主要体现在每门规范的、严谨的学科体系之中，如哲学、文学、历史学、人类学、政治学、宗教学等。第一个在文化定义上具有重大影响的人是英国人类学家爱德华·伯内特·泰勒（Edward Burnett Tylor，以下简称"泰勒"），他对文化所下的定义在学术界中长期被公认为是经典性的，他在 1871 年《原始文化：神话、哲学、宗教、语言、艺术和习俗发展之研究》一书说："文化或文明，就其广泛的民族学意义来讲，是一复合整体，包括知识、信仰、艺术、道德、法律、习俗及作为一个社会成员的人所习得的其他一切能力和习惯。"在这里，泰勒除了把文化等同于文明，缩小了文化的范围，他的文化观显然是属于广义的文化，即文化是社会发展过程中人类创造物的总称，包括物质技术、社会规范和观念精神。

从文化定义的主要观点来看，学术界将其分为以下几种。

涵盖范围说。就是从文化的涵盖范围来界定文化，这是我国学界界定文化的主流说法。这里面又有两种观点：一种观点是从广义和狭义来界定，但是在描述广义和狭义文化定义的时候又有所不同。有的人认为，广义文化是指人类实践过程中所获得的物质、精神的生产能力和创造的物质、精神财富的总和。狭义文化指精神生产能力和精神产品，包括一切社会意识形态，即自然科学、技术科学、社会意识形态。有时又专指教育、科学、文学、艺术、卫生、体育等方面的知识与设施。有的人认为，广义的文化概念是指人的有目的活动的结果，即人们在物质活动和精神活动中所创造的一切，既包括物质文化，也包括精神文化，以及社会的风土人情、习俗、风尚等一切"人化"的事物；狭义的文化概念是指意识形态或观念形态，仅包括与精神生产有关的观念形态。另外一种观点是在广义和狭义界定以后，又把文化或者是广义文化按层次进行划分，或者直接从文化的层次上来界定文化的定义。例如，许嘉璐认为：广义的文化是指人类创造的物质和精神的所有成果；狭义的文化指的是人类所创造的精神领域的一切成果；最狭义的文化则专指艺术、出版等事业。按照内容分，可以把文化分为三层：表层文化是蕴含在人类物质（衣食住行）中的文化；中层文化是借助物质所体现的文化；底层文化是伦理观念、审美意识和哲学思想等。

意识形态说。持这种观点的学者认为，文化属于意识形态范畴，从社会存在与社会意识的辩证关系来看，文化是对社会存在的反映，但这种反映不能仅仅理解为一面对反映内容稍纵即逝的映照光面镜，而是一部成像成型的照相机或摄像机。

起源和功能说。持这种观点的学者认为，在哲学上给文化下定义主要从文化的起源和功能上界定文化。从起源的角度说，文化是"人化"，它相对于"自然"，是人的主体性或本质力量的对象化；从功能的角度说，文化最主要的功能是"化人"，塑造人、熏陶人、教化人。人是文化的创造者，也是文化的创造物，通过文化的传承和创造，促进人的社会化、文明化、个性化，从而塑造健全的人和完善的人。

内涵外延说。黄枬森在理解文化的概念时，从文化的内涵和外延两个方面来理解。他认为文化的内涵是人类的精神活动及其产品，是经济和政治的反映，归根到底是人类物质活动的反映。他把文化的外延描述为十二类文化现象。

其他学者从其他不同的角度界定文化。例如，梁启超认为，"文化者，人类心能所开释出来之有价值的共业也"，"文化是包含人类物质精神两面的业种业果而言"。梁漱溟认为，"文化，就是吾人生所依靠之一切"。

上述各种文化定义的方法及不同观点，互有长短，反映了近现代学术界对文化认识的历史过程。

三、地域文化

由于在漫长的历史发展过程中，随着年代的日渐久远和人口的不断迁移，景物易貌，人类社会的生活空间范围——疆域也就变得日渐模糊不清。因此，在涉及这个生活范围内的很多社会文化现象的研究亦随之产生歧义，一般称为地域文化或区域文化。地域文化研究是一门研究人类文化空间组合的地理人文学科，与文化地理学大同小异，地域文化应当是以地域为基础，以历史为主线，以物象为载体，以现实为表象，在社会进程中发挥作用的人文精神。地域文化与地理有联系但不是地理，与历史有联系但不是历史，与景物有联系但不是景物。对于地域文化，从空间上看，在大范围讲有其独立性，在小范围讲有其主导性。从时间上看，在历史发展上有其持续性，在当下意义上有其现实性。我们对地域文化的研究，就是通过对文化的有形之物的探索研究过程，达到揭示文化变化发展法则的目的，从而以此来更好地指导我们的现实活动。

（一）学术界关于"地域文化"的讨论

文化的地域性或地域文化的形成，从文化人类学的观点来看，是由构成文化区的最小单位"文化特色"到文化丛，再到文化区域或文化圈而产生的。在一定时间和空间内，与某一种生产行为和生活习俗相联系而产生的文化现象，就成为该地区的文化特色；众多相互关联的文化特色集合为文化丛，文化丛从发源地向外扩散；人们对文化特色的选择与结合显示出不同地区的特征，从而形成特定的文化类型和文化区域或文化圈。这个文化区域或文化圈，就是我们所说的地域文化。围绕"地域文化"这一概念，学术界主要有以下一些观点。

其一，区域文化观。这种观点基于"地域"概念，通常是古代沿袭或俗成的历史区域这一感性认识，强调其在产生之初当然是精确的，但由于漫长的历史变迁而逐渐泯灭了它们的地理学意义，从而变得疆域模糊，只剩下大致的所在地区了。例如，"齐鲁"概指山东，"关东"泛称东北等。故此观点认为，"地域文化"是一门研究人类文化空间组合的地理人文学科，在某种意义上等同于文化地理学。但在某些方面，地域文化又与文化地理学有着明显的区别，即文化地理学以地理学为中心展开文化探讨，而地域文化则以历史地理为中心进行文化探讨。

其二，文化区域观。这种观点从文化起源的角度思考，认为世界上无论何种文化，因其创造者无不生活于具体的地区，所以这些文化就都带有地域性特点。地域性的含义除了表明它有一块供文化滋生、与众不同的地盘，它还表明这块地盘早归属某些固定的民族聚居，在那里培植有专门的文化。因常见这样的地域与相应的民族和文化多有共其始终之势，人们也就不能用纯自然的眼光来看待这一已经人文化的地区。因此，地域文化的空间判别，旨在确定某种文化特征或具有某种特殊文化的人在地球表面所占据的空间，即确定文化区。

其三，文化空间组合观。由于地域文化的发展基础是人类赖以生存的地理环境，把地域文化定义为一定地域内文化现象及其空间组合特征。这种观点同时还强调，不同人群所处的独特地域环境所形成的文化隔离，也有效地保持了不同地域文化的独特发展趋向。这种文化发展的空间限制性所形成的文化的地域，成为一种文化强制力量，制约着不同地域的文化性质、类型、水平、方向和速度。

其四，文化整体观。有人从"地域"概念的空间形态和历史、传统的文化形态特征出发，认为地域文化是一个多维概念和有机整体，既有物质的、制度的、行为的地域文化，也有其深层次的精神文化。

其五，特色文化观。有人认为地域文化就是特色文化，也就是以自然环境和地形地貌为标志所形成的特色文化，这种地域文化十分明显地制约和影响着人们的生活方式和思维习惯。

其六，时空概念观。有人认为地域文化是一个文化时空概念，一般是指具有相似文化特征的某个区域及其文化生成的历史空间的组合。因此，对地域文化的认识和理解必须从文化的普遍性、群体性、继承性和渗透性四个基本特征去探究。

以上"地域文化"概念的代表性观点，从不同角度和侧面，对"地域"和地域文化概念提出了极富价值的界定和解释。各种观点虽有小异，但在主要方面较为接近和一致，大致可以分为两种情况。一种情况是将地域文化视为一门学科，可称为"地域文化学"。例如，俞晓群认为："地域文化，或称区域文化，是一门研究人类文化空间组合的地理人文学科，在某种意义上等同于文化地理学。它们都是以广义的文化领域为研究对象，探讨附加在自然景观之上的人类活动形态、文化区域的地理特征、环境与文化的关系、文化传播的路线及人类行为系统，包括民俗传统、经济体系、宗教信仰、文学艺术、社会组织等。"又如，李勤德认为，"区域文化是在某特定地域出现的文化，在某种意义上，它几乎和文化地理学"是非常相似的，不同的是"地理"和"区域"的差别，是地区精确与模糊的差别，也就是地理学和文化学的派生学科的差别。区域文化是某一区域的文化过程，有其萌生、成形和发展的历史，反映其历史的过程，揭示其独特的形貌是区域文化史研究的任务。另一种情况是认为地域文化是中华大地特定地域内的文化现象，大多数学者持这一观点，但具体的定义却有些差别。例如，将地域文化划分为广义和狭义，他们认为狭义的地域文化专指先秦时期中华大地不同区域范围内物质财富和精神财富的总和；而广义的地域文化特指中华大地不同区域物质财富和精神财富的总和，时间上是指从古至今一切的文化遗产，或认为地域文化是在一定的地域范围内长期形成的历史遗存、文化形态、社会习俗、生产生活方式等，或认为地域文化专指中华大地特定区域源远流长、独具特色、传承至今仍发挥作用的文化传统等。

综合各种观点，有下列问题值得思考：一是"地域"又可以称为"区域"，它不是一个单纯的地理概念，而是与历史、民族等人文因素密切相关，作为一个空间区域，其范围比较模糊；二是地域文化也就是区域文化或文化区；三是地域及其地域文化既是一个历史概念，又是一个比较性的概念和立体性的概念；四是地域文化与文化地理学既相联系又有区别，地域文化以历史地理为中心进行文化探讨。这些观点和看法，对于我们进一步深入把握和认识"地域"及地域文化概念将大有助益。但是，我们也应看到，上述观点也存在一些概念的不确定性和界定的局限性，故有必要对"地域"或地域文化概念加以深入探讨。

（二）"地域文化"的进一步思考

如上所述，地域文化研究中广泛存在的不同的理论观点和意见，既有研究角度的不同，也有观察理解上的差异。但从根本上来说，主要原因还是对地域文化的内涵认识不足，对地域文化的本质特征把握不准，特别是没有把地域文化与非地域文化区别开来。

目前，学术界关于地域文化的划分一般有三个标准：一是以地理方位为标准，如东方文化、西方文化、江南文化、湖湘文化、岭南文化、西域文化、关东文化等；二是以地理环境特点为标准，如长江三角洲文化、黄河文化、运河文化、海岛文化、大陆文化、高原文化、草原文化、绿洲文化等；三是以行政区划或古国疆域为标准，如齐文化、鲁文化、秦文化、晋文化、楚文化、巴蜀文化、云贵文化等。

同时，我们还要充分认识到，作为完整意义上的地域文化应该具备以下四个特征。第一，鲜明的地域性。它在相对稳定的地域环境下形成，受地理环境制约。在历史的发展中，一定的地域难免会出现整合或分化，以及地缘性的进退，但是反映一定文化特征的地域范围基本稳定或延续。它不一定是以今天的行政区域划分的，而是以历史上人们生产、生活的众多地域共同性形成的人文状态为依据的。第二，文化外观与内涵上的特殊性。它的形成和发展是众多要素综合作用的结果，但起决定作用的是一定地域的自然环境因素和社会人文因素，因而与其他地域文化有明显区别。第三，比较完整的体系。它的构成是全面系统的，涵盖该地域的各个层面，而不是个别特殊的文化现象。第四，文化特征基本稳定。经过长期的孕育、发展、完善，其文化特征一经形成，就具有较强的稳定性和传承性。积淀于地域文化深层的文化个性和遗传基因，持久地发挥作用，影响和规范该地域人们的价值观念、性格特征、风俗习惯等，在与其他文化的交融中，较长时间保留着这些基本特征。

就一般意义而言，"地域"也就是区域，即按一定标准而确定的地理空间区域。它是人类生存和文化创造的物质基础与活动舞台。就此而言，地域文化同文化区域有着相同的意义。文化区域简称"文化区"，所谓文化区是指某种文化特征或具有某种文化的人在空间上的分布范围。一般有三种类型，即形式文化区、功能文化区和乡土文化区。具有一种或多种相互有联系的文化特征所分布的地理范围，就是形式文化区。这是一种以文化特征的自然分布状态而确定的文化区。功能文化区是以该文化特征受政治上、经济上或社会上的某种功能而影响其空间分布而划分的分布区。乡土文化区又称"感觉文化区"，这是一种在居民头脑中存在的区域意识，而且这种区域意识的名称和作用亦被他人所接受。在已有的历史文化地理研究中，人们大多采用多种文化特征的形式文化区进行文化区的研究，而乡土文化区即感觉文化区也已被引入文化区的研究。

既然地域文化也是一种文化的区域分布，那么它与历史上的自然区域、行政区划就必然具有密切的关系。周振鹤先生指出：行政区划是国家行政管理的产物，由法律形式予以确认，有最明确的边界与确定的形状；自然区域是地理学家对自然环境进行的科学性的区划；文化区域则是相对较不确定的概念，一般由综合性文化因素来确定，具有感知的性质划分。三种区域的主导因素各不相同，文化区域的形成依靠的是社会的力量，行政区划依靠的是国家的行政权力，而自然地理区域的划分则受自然规律所支配。因此，文化区域与行政区划及自然地理区域的关系，事实上体现了社会、国家与环境之间的关系。一般而言，自然条件从宏观上制约了文化区的分异，大的山川界线往往形成文化区的边界；行政区则对文化区进行整合，使区内文化现象趋于一致，以形成均质的文化区；而经济方式、交通条件、移民等因素，对文化区的形成都有程度不同的影响。

由此可见，要准确理解"地域文化"这一概念，就必须牢牢把握它的历史性、地域性和文化特色。这是因为作为地域文化的空间范围不单是一个文化的空间分类概念，而且是一个历史概念。一定地域的文化特质是历史发展和持续演变的结果，是由当地一代一代民众不断传递、承袭、发展、积累，以及既创新又积淀的产物。所以，准确把握地域文化的历史性特点，是从事地域文化研究的起点——人类的一切活动，包括文化创造，又总是在一定的空间范围进行的。由于各地自然条件、地理环境乃至人文因素的差异，不同地域的人们在从事采集、耕种、渔猎、游牧、生产、创造等活动中，自然而然地在居民心理、性格习惯、思维模式、行为方式和语言风俗诸方面逐渐产生差异，从而形成一个个具有区域特色的地域文化，这种差异正是文化地域性的显现。既然一定的地域及其文化的形成，既是一个历史过程并且约定俗成，又带有深深的地域性烙印，那么地域内的各种文化现象既是均质的或相近的，也是互有关联、相互影响的，而与其他地域文化之间则是异质而不同的，这就必然使地域文化各具特色和风貌。

产生、发展于"地域"之上的"地域文化"有着两方面的含义：一方面，是指文化的客观实体存在，即地域之上各类文化事项的总和。它包含两种内容：一是地域范围内的人们在长期的历史过程中创造出来的物质财富和精神财富总和，它既包括历史时期创造出来流传至今的文化元素，也包括已消失了的或流失了的文化元素；二是融入该地域文化中的被改造过的外来文化元素，这是由文化交流与传播所致。饶宗颐曾指出，"地方文化以地域建制命名固然许可，但其内涵不是以此为界，而是互相渗透、互相丰富、共同接受的"。并非所有外来文化元素都能成为地域文化的内涵的组成部分，那些没有改造过的不具有地域特色的外来文化元素应被排除在外。另一方面，是指概括性的抽象的"地域文化"，描述的是一种"想象的共同体"。所谓文化的"想象的共同体"是指人们将一地域内多元的文化体系视作统一的、有机的文化体系并建构出或真实或扭曲地反映该文化体系的文化"意象"；同时，在不同的文化权力影响下，个人或群体面对地域时会形成对该文化"意象"的共同认同。例如，学术研究中常被提到的齐鲁文化、秦陇文化、关东文化等，这类地域文化是历代尤其是现代知识分子，出于现实的种种需要，对历史、文化进行叙述、诠释与创造的结果，它们所反映的只是主体主导文化的形象而非地域文化整体的真实表现。事实上，任何一种大范围的地域文化都不可能是一个源头，都具有一定的多源融合的特点，而且地域内的各类文化事项并不必然会融合成统一的文化体系，如常被人们提起的燕赵文化之"慷慨悲歌"就不是贯穿古今且为燕赵大地全民皆有的文化精神。地域文化在某种程度上也是不同的社会条件下的知识分子构建出来的"想象的共同体"，非常典型的例子就是"客家""客家文化"，以及由客家精英分子人为建构却被客家人共同认同的"中原移民"文化意象。当然，这并不是要否认大多数知识分子对"地域文化"的叙述，主要还是以文化因素的客观存在、发展和分布为依据的。

综上所述，地域文化有广义与狭义之分，广义地域文化是以地域为基础，以历史为主线，在一定地域内历史形成并被人们所感知和认同的各种文化现象。狭义地域文化是指在某一具体地理环境内生存的人类所具有的价值观念、宗教信仰、审美情趣、思维方式、行为模式、民族个性等，并且积淀、建构为民族文化的核心与灵魂，即鲁思·本尼迪克特（Ruth Benedict）所说的文化的主旋律——民族精神，也是该文化之所以是该文化而不是另一文化的本质之所在。因此，地域文化在文化空间坐标上，在大范围讲有其独特性，在小范围讲有其主导性；表现在文化内涵上，地域文化既是地域性的又是超地域性的；体现在文化属性上，地域文化既是客观的实体存在，也是地域群体的主观文化认同所形成的"想象的共同体"。

（三）地域文化的学科性质与内容构成

任何事物的性质都是由其主体或研究对象及其内容所决定的。地域文化研究既以地域为主体，又以文化为对象，因而论其学科性质，它主要归属于历史地理学的历史文化地理学科。历史文化地理以探讨人类文化的各种现象和事物的空间组合与地域分异的特征、变迁规律，揭示人类文化与地理环境间的关系及相互作用为对象。就研究对象而言，地域文化与历史文化地理基本一致，地域文化也就是历史文化地理学科中的区域历史文化地理。但是，地域文化又具有自己在学科属性上的独立性和特殊性，在地域文化研究中，文化的内在结构、相互关系及其形态特征也同样非常重要，因而它又与历史文化的地理研究稍有区别，地域文化更准确地说是介于历史文化地理学与文化学、文化史之间的交叉边缘学科。

文化的发展既有时代的变迁，又有地域的差异。一般而言，研究文化的发生、发展、消亡的历史，以及研究文化的传承与变异的原因和规律，属于文化史的范畴；而探索文化的分布与扩散的格局则是文化地理的任务。文化学认为：文化是一个复杂的总体，对文化的各种现象，以及各要素的产生、发展、变化和作用影响进行研究、解释和评判，则是文化学的中心职责。这些学科与地域文化既相联系又相区别，这些学科的发展和研究的深化，都将为地域文化研究奠定基础和创造更为良好的条件，但它们终究不能取代地域文化。所以，可以这样说，地域文化是一个三维概念，它以时代性或历史性为经，以地域性为纬，又以文化为核心而紧密融为一体。

地域文化的研究对象和内容，主要包括地域内文化的生成、演化和发展的进程及其规律，文化的内在结构、形态特征及其相互关系，地域内文化的分布状态与空间组合特征，地域之间文化的交融、渗透与整合，文化与地域之间的互动关系及生态剖面，地域文化对中国传统文化发展的意义和作用等。

地域文化应该具体包括劳动方式、生活方式、方言、风俗、宗教、心理、价值观等。

无论何地，文化的创造无疑是这一地域的居民在适应自然、改造自然、发展生产的过程中文明进化的必然产物。文化一经产生，其诸要素便与当地自然、社会、人文诸条件相互联系、互相影响、共同作用，既保证文化的发展充满活力，又推进文化的变化、发展和创新，了解、探析地域文化生成、演进的过程及其发展演变规律，考查地域文化诸现象与要素之间的内在结构、相互关系和形态特征，揭示其文化特质和个性特色，是我们准确把握和系统研究地域文化的基础与前提。就一定地域而言，各种文化要素仍然会有差异和分布的非均衡性，因此对其空间分布格局和组合关系的研究和揭示，将构成文化地域特征的重要内容和主要途径。地域文化的发展并非孤立和封闭的，地域之间文化的传播、交流、融通和整合，是一个不以人的意志为转移的客观存在。在文化发展过程中，文化不仅与自然环境、社会环境发生联系和作用以推进自身的演变，而且文化自身在内部也始终处于相互联系和相互作用之中，文化的这种传播和渗透，必然促进文化的整合与统一。

一定区域文化的内在结构、形态特征、地域特色都与产生和分布这一文化的地理环境密切关联，地理环境不仅为形成一定文化提供舞台空间，而且还赋予其视觉特征和形式体现，而文化又赋予地理环境以人文特性和知识内涵。因此，文化与地理环境实际上是一个信息与能量相互作用的互动体系。从某一时段或某一文化现象、某一文化层面切入，对其互动关系进行探讨，则可通过文化生态的剖面关系，复原文化景观或揭示其内在结构，这是我们研究和掌握地域文化及其特征的重要组成部分。例如，中华文化一体多源，各地域文化是中华文化大系统中的子系统或一部分，探讨中华地域文化，有助于对中华传统文化某些方面认识的深化，有助于揭示中华文化的内在特征和民族特性，从而也有利于继承优秀传统文化，弘扬民族精神，整体推动对中华传统文化研究的深化。

第二节　地域文化的表达研究

一、地域文化的产生要素

（一）自然地理层面

自然地理环境包括水系、植物、气候和地形等。海拔高度不同，季风气候不同，造成地貌特征不同，由此形成的当地居民生活方式也不尽相同。发展至今，形成了"十里不同音，百里不同俗"的现象。就像中国南方地区的典型特点一样，南方一般水位较高、雨水足、水系分布广，以种植水稻为主，故有"江南鱼米之乡"之称，造就了南方的小桥流水、小巧玲珑的景观特色；北方气候较为干旱，以种植小麦、玉米为主，形成了北方豪迈粗犷、雄伟壮丽的景观特色；西藏地区以高原山地为主，地广人稀，以放牧为主，形成了别样的高原开阔之美，同时也造就了当地的饮食文化、生产方式、生活方式等方面区别于其他地域。

（二）社会人文层面

研究社会人文要素可以从历史人文和经济水平两个方面入手，地域文化的产生和变化围绕在各种社会要素发生变化的过程中，并不断发展，经过自身的发展和被动的磨合，逐渐呈现出不同的特色。

1.历史人文

文化是在人类活动中不断产生的，它随着人类的发展而发展。对于一个区域而言，在时间的长河中不断有新文化的创新和传入。在对地域进行研究时，对于历史人文的研究能够了解当地的宗教文化、生活民俗，对于历史古迹、神话传说的研究，能够反映出历史时期的人民生活状态。把各个区域区分开来，以当地特有的方式展现出它的地域文化特点和民族特征。在时代发展的今天，生活习俗也在发展中改变，甚至在发展中会形成新的文化。新的文化又有新特点,这些特点不是对历史人文的否定,而是对历史文化在新时期的继承和演变。在观光农业生态园规划设计中,可以通过生活习俗、历史人物、古农具展示、民族手工艺等方面看到历史人文景观在园区中的身影。

2.经济水平

经济水平的发展是地域文化活动变迁的主要因素,经济状况反映当地的生产力发展状况,生产力的提高也决定着当地的文明程度。在经济发展中商业占据主要地位,商业的发展对文化的交流传播起到促进作用,同时,经济的发展、利益的驱使也带动人口的流动。例如,古代丝绸之路的开通,为中国带来西方的文化与经济作物,间接改变了中国的生产生活方式,直接改变了经济结构和生产方式。在观光农业生态园建设中,我们可以充分发挥科学技术在园区中的应用,营造一定的景观效果。但是也不能片面地追求科学技术的运用,最重要的是合理利用自然资源。在保护生态的基础上,运用新材料、新技术,设计出在视觉、听觉和触觉上都具有渲染力的作品。

二、地域文化表达遵循的原则

(一)尊重地域文化的真实性

地域文化的表达,其核心就是对其真实性的表达。这就要求设计者在设计时按照区域内的真实情况进行设计,做到实事求是。真实性包括当地的历史文化、风土民情、民俗工艺品的真实表达,也包括对地形、地貌等自然条件和当地的生活方式、价值观、审美观等在景观中的真实表达。

(二)把握地域文化的时代性

地域文化在观光旅游设计中的表达,要求规划设计立足于当下,设计出符合当代的作品。旅游建设是为当代人服务的,是面向广大群众的,在设计中应满足现代人出行、生活方式、审美观等的需要,同时还应兼顾地域文化在旅游区的运用。对于历史文化的体现,也应表现其时代性,体现当时的文化、生活等内容。将现代设计手法运用在园区中,让人们在了解地域文化真实性的同时，更容易以现代人的思维和眼光接受、提高地域文化在旅游中的表达。

（三）延续地域文化的空间连续性

旅游产业各个分区的设计不是独立存在的，它们相互联系又有区分。地域文化在规划建设中要尊重历史的真实性和时代性，同时还要把握各区域的空间连续性，形成一个整体。地域文化表达体现在基础设施的设计中。在规划设计时，发挥"人"在旅游中的设计主观性，倡导与本土文化相关的文化理念和生活方式。这样才能与传统文化一样，经得起时间的考验，具体表现为以下几个方面：第一，按照其使用的功能性将公共设施设计归纳分类，有针对性地让艺术设计专业人员进行规划，通过不同的功能主题对公共设施小品进行量化，规范标准设计。在设计产品的过程中本着以人为本、为人服务的思想，将公共设施的人性化这一可变因素的不确定性，加以变革，提炼出不同的地理文化、民族历史及传统信仰，运用在整体的设计中，让人们找到一种深层次的记忆与感知。第二，加强周边环境的分析与整合，将当地所独有的民间美术工艺或历史人文故事加以提炼，以设计的语言运用在空间环境中。不同人文历史、寓言故事、手工技艺的阐释可以激发人们的参与积极性，在使用的过程中表达当地文化特色的内涵，加深使用者的印象。第三，确定公共设施的易用性尺度，给予科学的放置数量量化标准。在设计中真正做到以人为本。第四，利用当地原生态材质及再生科技材料制作工艺品，就地取材，节约成本。

三、地域文化的表达载体

（一）历史文化

历史文化不仅包括历史典故、名人事迹、神话故事等，而且还包括古文物、古遗迹和古诗词、书法和绘画。每一种文化形式都有其借鉴的语言和思想，蕴含丰富的历史文化信息，反映当地的独有特色。历史文化记载着一个地区的发展历程，记录了从开始到兴盛再到衰败的过程，每种历史文化的出现都给其留下历史痕迹。在观光农业生态园规划设计中，我们想要保留一个地区的原有特色，保留其个性，就要从其历史文化中寻找独特的记忆元素，传承其场所精神。

（二）民间习俗

民间习俗是当地经过上百年形成的习惯，其表现形式为民俗风情、民间手工艺和民间艺术等。在观光农业生态园的设计中，设计的作品真实、亲切、贴近生活，才能引起人们的共鸣。而真实、亲切、贴近生活的事物往往存在于平常的生活中。民间的风俗习惯、手工艺品、宗教仪式、雕塑、音乐、戏剧等都区别于其他地方，这些形成了独有的特色，短时间内不会改变，而且有一定的稳定性。同时具有地域化，最能反映当地的"原汁原味"，相对于当地的建筑和文物，民间习俗是活的历史，也是一种文化传承现象。例如，我国的春节、元宵节等传统节日，在不同的城市庆祝方式也不尽相同；陕西地区的安塞腰鼓、罗山的皮影文化等，都有不同地域的文化烙印。在地域文化的表现中多挖掘该地域的民间习俗，能做出让人耳目一新的作品。针对各个地方特色民俗文化村的发展，可以分析整理周边地区具有地方特色的艺术形式。例如，仅陕西地区就有剪纸、刺绣、彩绘、泥塑、皮影、鞋垫等。将这些文化艺术中的优秀形式展示出来，不断加大宣传力度，对应在其周边的环境设计上，就能够很好地进行传播，真正体现"一村一品、一村一韵、一村一景"的特色。

（三）乡土材料

乡土材料在乡村旅游设计中运用得比较广泛，一个优秀的设计师经常会将当地的乡土材料运用到乡村旅游的规划设计中。乡土材料不仅包括本地域的竹、木、砖、石材、泥土等，而且还有本乡本土的植物、水体、色彩、符号文字、铺装等。乡土材料的不同质地、色彩和地域内居民有着千丝万缕的联系，同时也寄寓着他们的情感。片面地追求景观效果而选用现代新技术、新材料，忽视乡土材料在园区中的应用，就会使园区和周边环境不相融合，同时也提高了设计的成本，不符合乡村旅游可持续发展的理念和园区生态的建设。

乡土植物在乡村旅游中的应用更加重要，不仅能够塑造地域特性，还能增加植物的绿化密度和成活率，具有很好的绿化效果。乡土材料就地取材，能降低成本，加快施工进度，与地域文化相结合，为乡土材料赋予更好的内涵。例如，秦皇岛汤河公园中"红飘带"的设计，结合原有地形，最大限度地保留场地原有乡土植物和生态环境，沿线四个节点，分别种植乡土草种网，以现代的表现手法，从历史文化中引入"红色飘带"理念，运用流畅的线条，选用中国典型的红色，与原生态中植物和水体形成对比，极具个性，同时也体现出了中国的民族特色，展示了中国为构建生态、和谐的世界所做的贡献。

四、地域文化的表达手法

（一）直接表现法

直接表现法是一种直观清晰表达设计思想和设计内容的方法，其过程没有经过艺术化的处理加工，以最"原汁原味"的状态呈现在游客面前。让游客感受到"原生态"的地域文化语言。这种直接表达方法的表达载体与地域内的自然特征和人文特征的物化物相是一致的。它表现为对地形地貌、乡土植物、乡土材料、景观建筑、小品、雕塑等的直接运用和呈现。直接表现手法的运用能增加人们对地域内文化的认识，这种手法的运用将现代文化与传统文化结合起来，使地域文化表达得更加清晰。

（二）保留法与再现法

保留法是对旅游园区原有的历史性景观，保留其现状和场地文化，减少对周边环境的破坏。再现法是一种模拟表现的形象表达手法，是对具有特殊地域文化进行的提炼、重塑和表达。在观光农业生态园规划设计中，将两种园林景观设计手法应用其中，能更好地表达地域文化。

对具有一定特殊文化意义的事件，通过对其情节的再现，能够直观地表达消逝的场景，继承其蕴含的文化传统，让游客深刻感受历史信息，引起心灵上的共鸣。

（三）象征诠释法

象征诠释法就是借助具体事务的外在特征，提炼地域文化的外在特征，寄托艺术家某种思想，通过隐喻诠释的手法将地域文化涵盖在某一具体形象的实物中，结合提炼符号、象征雕塑、艺术化地形等，将文化内涵和精神内涵赋予景观中，丰富了形式设计的象征性、叙述性，让游人在思想上与场所精神产生碰撞，使观光农业生态园不仅能成为生态场所，而且是兼具艺术性和精神内涵的场所。

（四）抽象凝练法

抽象凝练法是将事物特征中凝聚的精华通过艺术加工、提炼和抽象简化，形成艺术化的片段和符号，将这些元素通过景观设计手法运用到园区的规划设计中。通过抽象凝练的手法处理，将复杂的事物变得生动，有利于游人的理解，如飘云形态的灵感在规划设计中常见的有凹凸的林际线、河道弯曲线等。

第三章　地域文化融入乡村振兴设计分析

第一节　地域文化对乡村振兴设计的影响

一、地域文化对乡村生产的影响

（一）地域文化内融于乡村人力资本

地域文化是差异化乡村人力资本形成的基础，促使农民选择不同的发展模式、路径。譬如，在 20 世纪末，苏南地区乡镇企业异军突起，温州等地则是个体经济迅速发展。为何江浙乡村在地域相近、环境相似的情况下，走出了不同的发展路径？探寻背后深层次动因，正是地域文化的差异。苏南地区和温州分别是专业人力资本富裕型和企业家人力资本富裕型。苏南地区处于儒家文化地域，"义大于利"的思想促使农民更倾向于集体共同发展，农民多成为生产者。而温州则受"永嘉学派"影响，崇尚个人主义、冒险精神，农民多成为创业者。

（二）地域文化外化为乡村文化产业资源

地域文化是文化产业发展的基础与源泉，其中有形文化因子可作为文化产业发展的基本载体，无形文化因子可为文化产业提供发展的"原材料"。乡村中优秀的地域文化要素通过外化为乡村特色文化产业，能丰富乡村产业体系，促进乡村产业转型升级，拉动乡村经济发展。

二、地域文化对乡村生活的影响

（一）地域文化影响乡村民生保障发展

地域文化是城乡社会保障模式差异的主要原因，其通过对农民价值观、文化程度等非经济因素的影响来左右农民对社会保障模式的认同与选择。儒家文化中公平正义、仁孝慈礼等思想至今仍具有重要意义，为保障社会制度的完善提供了文化上的传承和阐释。

（二）地域文化营建乡村特色空间风貌

地域文化是乡村建筑风格、村落格局与秩序的灵魂与核心。人们往往将地域文化中的代表性元素通过色彩、图案、形态等语言融入建筑的结构形态中，形成各具地方特色的建筑风格。另外，礼制、亲缘、宗教等要素，则通过整合人的思想意识、行为规范及社会关系，将地域文化折射在村落格局上。

三、地域文化对乡风文明的影响

（一）地域文化塑造农民价值观

地域文化是农民价值观形成的关键因素。地域文化中的道德、习俗、人文等因素为农民思想提供了明确的价值参照体系，农民在此基础上结合个体想法衍化形成自己的价值观。在新时期的乡风文明建设中，乡村应坚持以社会主义核心价值观为引领，培育文明乡风、良好家风、淳朴民风。

（二）地域文化引导乡风民俗的形成

地域文化是乡风民俗诞生的"摇篮"，对于乡风民俗的形成起到关键作用。低级娱乐文化会导致消极乡风民俗的形成，阻碍乡村健康发展，而勤俭节约、恭谦礼让的优秀道德文化，则会促使文明乡风民俗的形成。

四、地域文化对乡村治理的影响

（一）地域文化陶冶乡村治理人才

优秀的乡村治理人才善于将地域传统文化与现代治理理念相结合，形成多元化、协同合作的乡村治理体制。他们熟知农民的发展需求，掌握与农民的高效沟通方式，能够为农民起到良好的带头与示范作用，有效促进乡村社会治理工作的推进。

（二）地域文化引导乡村治理转型

乡村社会的治理转型在治理模式、理念、方式、路径层面上，都无法避开"文化"这一内在基因而另辟蹊径。地域文化正是通过不断的自我革新，将优秀文化因子与现代要求相结合，对乡村个体的思维方式与行为习惯产生影响，不断引导乡村治理转型，最终形成现代化的治理体系。

五、地域文化对乡村生态环境的影响

（一）地域文化影响乡村资源消费观

传统文化中"克勤于邦，克俭于家"的思想能促进勤俭节约的资源消费观的形成，对乡村的生态环境保护具有重要意义，有利于实现乡村资源利用的可持续发展。现代乡村应在汲取优秀传统文化要素的基础上，糅合现代新思想、新理念，形成新型资源消费观。

（二）地域文化引领乡村生态文明建设

地域文化是乡村生态文明思想的重要构成来源，传统地域文化中关于人与自然的哲学思想，对于现代生态文明思想的建设仍然产生重要影响。"天人合一""道法自然"的哲理思想，至今仍给人以深刻警示和启迪。乡村的生态文明建设不同于城市，应更加注重对田园风光、乡土风貌的保护。

第二节 地域文化与乡村振兴设计的关系

一、地域文化与乡村振兴战略的互动逻辑

首先，乡村文化振兴是乡村振兴的题中之义。完整意义的现代化和乡村振兴绝不应该是乡村社会的文化空白，必须坚持以社会主义核心价值观为引领，以传承发展中华优秀传统文化为核心，以乡村公共文化服务体系建设为载体，培育文明乡风、良好家风、淳朴民风，推动乡村文化振兴。只有推动乡村文化振兴，才能重建起乡村的文化内核和精神家园，树立文化自信与文化自觉，才能够从根本上扎扎实实地凝聚起乡村振兴的力量。

其次，地域文化是乡村文化振兴的深厚文化土壤。构建一个新的文明秩序，过程中不可能没有启蒙的因素，但没有可能是启蒙整套的东西，在这个意义上，建设中国现代性部分的资源应该并且必须来自中国这个轴心期文明的文化传统，地域文化作为农业文明和农耕历史所造就的综合文化体系，作为中华民族传统文化之根脉，其中有许多优秀的成分须予以重视。

优秀的地域文化源远流长，有着寻根溯源的人文情怀和历久弥深的乡村情结，是乡村文化振兴的深厚文化土壤。就以地域规范文化为例，其乡规民约、宗法家规、伦理道德、惯例习俗、社会舆论和价值观念中的优秀成分是乡村文化振兴的内生的本土资源，可在继承的基础上深入挖掘，并结合时代的要求进行创造性转化和创新性发展，在新时代焕发出新力量，"推动建设邻里守望、诚信重礼、勤俭节约的文明乡村"。

最后，地域文化是乡村振兴的内驱动力，乡村振兴是地域文化发展的时代机遇。一方面，地域文化是乡村振兴凝心聚气的黏合剂，作为乡村文化传统的地域文化价值和尊严的重塑，将强化农民的文化认同感、归属感和幸福感，为乡村振兴提供智力支持和精神动力；另一方面，地域文化是乡村文化振兴、乡风文明建设的深厚土壤，也是"产业兴旺、生态宜居、治理有效、

生活富裕"的内驱动力。就"产业兴旺、生活富裕"来看，地域文化是城乡融合发展的巨大文化资本，是产业融合的经济增长点，是生活富裕的一大来源。地域文化的文化多样性和生态多样性，赋予乡村振兴丰富独到的经济价值，为产业融合新业态培育和创造空间，在推动乡村经济发展的同时，也改善着人们物质生活和丰富精神文化生活。就"生态宜居"来看，"因地制宜发展特色鲜明、充满魅力的特色小镇""营造宜居适度生活空间，保护山清水秀生态空间"等，离不开地域的地方特色、田园风光、乡村建筑和地域文化处理人与自然关系时主要的生态理念——尊重和顺应自然、保护和开发自然时注重协调性和创造性，以及亲近自然、闲适的慢节奏生活智慧。就"治理有效"来看，在地域的"熟人社会"和"礼治社会"中，维系乡村秩序的力量是乡规民约、宗族文化等具有封闭性、保守性和排外性的风俗陈规，对乡村治理和法制建设有一定的阻碍作用，但是若加以疏导，在一定程度上或能助力乡村的有效治理。

总之，乡村振兴要求乡村文化的振兴，地域文化作为乡村的深厚文化土壤在推动乡村文化振兴的同时，也能发挥对于乡村振兴的政治、经济、生态、社会方面的作用；乡村振兴对地域文化保护、开发和利用也是地域文化传承和发展的时代机遇，二者内含良性的互动逻辑。在乡村振兴战略视角下，地域文化的重要性不容置疑，但以地域文化助推乡村振兴是一个复杂和艰巨的过程，这来自对地域文化传承困境的客观审视。

二、地域文化的传承困境

伴随中国现代化进程的不断加速，城市化、市场化、信息化带来的工业文明、城市文化、市场思潮、大众文化等现代性要素以突飞猛进之势席卷乡村，使得地域社会的地域性、封闭性和保守性逐渐被打破，农民不再完全依附于土地而有了更多的生存和生活选择，地域社会"乡、土、人"紧密联系的社会结构逐渐分崩离析。地域文化陷入了地域社会剧烈变迁，导致生存空间破裂、多元异质文明冲击下的"人脉"断裂之势，以及多重压力催生下的"文脉"断裂之势，呈现出由宏观至微观的传承困境。

（一）地域文化生存空间破裂

地域文化是"土地里长出来的文化"，而且一直在土地的封锁线内徘徊。这种被土地束缚、依附于土地的格局，在社会发展和现代转型中逐渐松动。乡村和城市不只是相对的地域概念，更是相区别的文化概念，在现代化、工业化、城市化和市场化进程中，城乡的不均衡发展使得二者在经济、社会、政治、文化等方面产生差异性对立和难以逾越的鸿沟。当这种对立逐渐拉大且相互冲击时，处于弱势的被动地位的乡村剧烈变迁，并呈现出衰败之势，导致地域文化的生存空间破裂。

（二）地域文化传承"人脉"断裂之势

在一个社会里一种文化能形成良好的发展秩序，就能确定该文化在该社会中的主导地位，从而树立起文化自身的权威，形成文化的内在认同感和外在竞争力。这种秩序、权威和认同总是伴随着文化自身赖以生存的自然和社会环境的变化而变化，当力量较大的外部文化强势进入并逐渐占据上风时，该文化就会面临边缘化和断裂的风险。地域社会之上的亦是如此，伴随着地域社会的剧烈变迁，地域文化生存空间破裂，工业化、城市化、市场化和信息化所带来的多元异质文明进村，引发了农民的认同缺失和道德失序，继而在内在动机驱使下农民进城和乡村教育上行，导致地域文化陷入创造主体和传承主体离土离乡的"人脉"断裂之势。

（三）地域文化传承"文脉"断裂之势

现代化、城市化和市场化进程中的地域文化生存空间破裂，以及现代文明冲击下的地域文化"人脉"断裂之势，既是地域文化传承困境的单独表达，也是地域文化"文脉"传承的外部环境的宏观描述。生存空间的破裂和敞开、传承人脉的断裂，加之现代性进村、乡村建设、旅游开发等多重压力，微观上导致地域规范文化、地域表现文化和地域物质文化陷入弱化、边缘化和被破坏的困境，使得地域文化综合体系层层解构，趋于断裂之势。

1.地域规范文化的弱化

地域规范文化主要包括以血缘为基础的宗族文化、乡村"依礼而治"的礼治文化和人依附于土地的安土重迁文化三个方面。地域规范文化以文化人、文化社会，维系着乡村秩序，构建起地域社会的"精神家园"，但在现代化冲击下，地域规范文化逐渐弱化，难再发挥其秩序规范功能。

2.地域表现文化边缘化

乡村表现文化，通过乡村语言、声调、姿势和图像色彩等展现出其生动性、感染力、娱乐性、本土性和富有生命力的独特气质，是地域文化的活性文化，是中华传统文化的"活宝"。例如，川剧变脸、皮影戏、赛龙舟、秧歌舞、民乐、舞狮、年画、剪纸等，每逢节庆或农闲，这些地域文化和文艺活动丰富着人们的精神文化生活，慰藉着人们的心灵，维系着乡村人际关系，增添了乡村社会的生机与活力。但伴随着现代化进程，"原来的乡村文化秩序土崩瓦解，民歌、民间故事、民间曲艺等逐渐从乡村消失"。在乡村，地域表现文化渐渐淡出乡村社会生活的视野，逐渐边缘化。

3.地域物质文化遭破坏

乡村物质文化，如乡村风光、聚落民居、寺庙祠堂等，沉淀着乡村的自然与历史、独特的人文与风格，是地域文化最为直观的表达。但现代化、城市化和工业化的推进不断地在通过各种形式对地域物质文化造成不同程度的破坏。

一是村落的消失。中华文明根植于农耕文化，乡村是中华文明的基本载体。每个乡村都是集乡村历史、传统、民俗、独特自然风光于一体的文化载体，包含着深刻的文化认同和身份认同。村落的地理环境、自然环境和社会结构共同构成人们的生产空间和生活空间，决定着人们生存和生活的主要方式，影响着聚居环境的文化特征。但社会现代化和城市化的推进、城乡差距的拉大，使得农民认同缺失并离土离乡，当前"空心村"普遍存在产业空心化、基础设施空心化、人口空心化、居住空心化、社会服务空心化等现象，出现了大量无人居住、年久失修的闲置房屋，破坏了村庄的乡村人文气质和整体格局，导致许多承载着中华文化根脉的村落渐渐衰落乃至消亡。

二是对自然风光和地域景观的功利性开发和趋同性破坏。在城市化、工业化和信息化不断发展的现代社会，人们的生活水平不断提高，生活在"钢筋水泥"包裹中的城市居民，愈发需要区别于城市文化的地域自然风光和地域景观等来缓解内心的浮躁和焦虑，满足美好生活的需要。在经济利益的大力驱动下，一些个人、公司、社会组织纷纷进入乡村搞起具有高额商业回报的旅游项目，开发自然景观、打造迎合市场的人文景观、开民宿、搞农家乐，一些当地的村民和村集体也纷纷效仿起来。但是，他们往往无法对整体文化资源价值进行判断，也无法对环境承载力做出准确的评估，也不可能拿捏好经济效益和社会效益的关系，功利性是其开发行为的典型特征。

综上所述，在现代化、城市化、市场化和信息化的猛烈冲击下，地域文化由封闭走向开放、从伦理走向利益、从传统走向现代。生存空间破裂是对地域文化传承外部环境的宏观描述，"人脉"断裂之势是对地域文化传承主体困境的表达，"文脉"断裂之势是对地域文化传承客体困境的阐释，三个方面共同构成地域文化由宏观环境到微观文化体系的整体断裂之势。

三、地域文化的重构策略

（一）延承"文脉"之内部重塑地域文化价值认同

地域文化价值的实现，从根本上来说，取决于人们对其的认同程度。文化认同，是指个体对于所属文化和文化群体内化产生归属感而获得、保持与创新自身文化的社会心理过程。文化认同是一种社会认同，是个体获得文化群体的"我们感"的途径和过程。对地域文化的发展来说，重塑其价值认同是最为内在的、关键的和深刻的基础。首先，这要求地域文化自身要进行区别于多元异质文化的保存、整合和提升，以获得自身独特价值的"我"的确认；其次，也要求地域文化进行与其他文化的交流互动，以实现自我认同和社会认同的统一，奠定人们对地域文化认同产生的内在基础。

"各美其美，美人之美，美美与共，天下大同"是著名社会学家费孝通对"文化自觉"的进一步概括。其中"各美其美"是指对各文化的传统和特色有自知之明，也欣赏自己的文化；"美人之美"是指以开阔的视角去超越自己的文化；而"美美与共，天下大同"则是指多种文化通过相互接触在价值观上取得一定共识，达到"和而不同"的境界。要重建地域文化价值认同，首先要做到"各美其美"，要对地域文化自身传统进行批判性的内在整合，要搞清楚"我"是怎样的，清楚文化的积极成分和消极成分并进行提升。

首先，对地域文化要进行批判性保存、整合与提升。地域文化作为集物质文化、规范文化和表现文化于一体的复杂的综合文化体系，"二重性"特征明显，其中封闭、保守、陈腐的消极文化因子是客观存在的。地域文化重构要肯定积极成分，否定消极成分，实现"取其精华、去其糟粕"的辩证"扬弃"。

一是地域物质文化层面。地域物质文化中的乡村风光、民居古镇、祠堂庙宇、地域建筑、农业遗迹等，能直接地体现地域文化特色的物质载体和精神载体，也是保护和传承乡村特色与风貌、提升乡村形象与内涵的基础所在。地域物质文化作为独特的地域文化元素，应尽快走出功利性市场化、趋同性开发和地方政府建设理性缺失的困境。国家应从宏观层面对地域物质文化的保护和开发做出价值引领，并出台相关政策文件予以保障；地方政府在乡村振兴的推进中，应结合当地地域物质文化的实际情况，科学合理地予以抢救、维护和保护。例如，在乡村风貌保护方面，《乡村振兴战略规划（2018—2022 年）》中就明确指出，要"建设立足乡土社会、富有地域特色、承载田园乡愁、体现现代文明的升级版乡村，避免千村一面，防止乡村景观城市化"，"充分维护原生态村居风貌，保留乡村景观特色，保护自然和人文环境"。

二是地域规范文化层面。地域规范文化沉淀下来的文化精华，如"天人合一"的生态理念、"仁爱互助、勤俭节约、重义轻利、淳朴诚信"的社会共同价值标准、"忠义孝悌、睦亲节俭"的良好家风等，作为地域规范文化的积极成分应该得到挖掘、提升和弘扬。而对于那些与社会发展和进步不适应的、封建落后的文化因素，地域文化应批判性地保存、整合与更新，这样有利于较快找到地域文化与时代发展相适应的、独特的形式和内涵，以在多元文化的交汇中被识别和被认同。

三是地域表现文化层面。地域表现文化包括民风民俗、民间节庆、歌谣曲艺、传统技艺等，是地域文化的"活性"表达，其资源的整合主要是进行民间收集、整理在册、全面保护、重点挖掘、培育活用，在保护其传统性特质的基础上，用现代手段对其进行创造性转化和创新性发展，借用现代的方式实现文化传承。

其次，地域文化还必须在与多元文化的互动中兼收并蓄，以达"美人之美、美美与共"。地域社会不只是一个地理空间，也是一个有着历史维度、社会记忆、文化传统和集体意识的复杂场域。伴随着地域社会封闭性同质空间的现代性敞开，地域文化不可避免地与相异的外来文化、现代文化、流行文化、主流文化等建立起一定程度的联系，一味地排斥异质文化绝不是地域文化现代性提升和更新的可行之道。特别是在对待地域文化与城市文化的关系问题上：第一，应该把地域文化和城市文化放在一个平等的位置上，我们既不能以城市文化去颠覆地域文化，也不能把地域文化的现代性重构的最终归宿定位到城市文化，要跳出"二元对立"的呆板僵化的思维模式。第二，建立起城市文化和地域文化的"互哺"机制，城市文化要对地域文化的生态价值理念、优良伦理道德进行借鉴；地域文化也要保持在个性发展的基础上接受城市文化中民主、平等、法治的价值观念等先进因素的传递。只有在与多元文化碰撞、交流的良性互动中兼收并蓄，地域文化才能不断确定自身文化特性，淬炼出文化自信和独有品格，才能最终形成不脱离地域、不限于地域的地域文化重构发展模式，才能在多元社会文化关系中重构其价值认同，达到"美人之美，美美与共"。

（二）延承"文脉"之外部推动地域文化走"文化旅游融合"之路

旅游集物质消费与精神享受于一体，旅游与文化密不可分。文化和旅游在现阶段呈现出密不可分的态势，而地域文化与乡村旅游的融合发展则是其中一个极为突出的表现。通过"文化旅游融合"用时代话语和现代性手段对地域文化进行解读、开发和利用，是地域文化立足传统进行现代性融合的可行途径，是区别于地域文化内部重塑价值认同的外部推动。如何站在地域文化传承和重构的视角下做出理性策略选择，还需要厘清地域文化传承和乡村旅游发展的内在联系，需要反思乡村旅游业发展对地域文化的双重性影响等问题。

1. "文化旅游融合"是地域文化重构的现代手段

现阶段，文化和旅游消费已经成为人们美好幸福生活的重要部分，人们对文化和旅游的需要实现了从"有没有，缺不缺"到"好不好，精不精"的转变，我国已经进入了大众旅游时代。乡村民俗也在乡村旅游的发展中，得以冲破地域限制拥有更大的现代生存发展空间，实现了文化发展和文化认同的持续。但地域文化和乡村旅游绝不是简单的"1+1"的关系，不是旅游业开发和利用地域文化的单向关系，正如中华人民共和国文化和旅游部所坚持的"宜融则融，能融尽融，以文促旅，以旅彰文"的理念所体现的，二者是相互连接、相互渗透、相互影响和相互融合的紧密关系。

地域文化需要并且能够走"文化旅游融合"之路。首先，就必要性来看，内部重塑地域文化价值认同可以使得地域文化得到保存和进步，但地域文化的长远发展应该是"动态"而非"静态"的。在市场化进程中，地域文化不可避免地要进行市场化转型，开发和利用地域文化资源，为其注入现代性内容，使其具备一定的现代性形式，使得地域文化在动态中融合、创新和发展。只有这样，地域文化才能最大限度地为人们所了解、接受和认可，才能超越地域限制开拓更广阔的空间。其次，就可能性来看，生态资源和人文资源是发展旅游的基础。地域文化多样、丰富又深厚的地域物质文化、地域表现文化和地域规范文化汇集成巨大的文化资源，如田园风光、村落民居、建筑景观、民俗风情、传统技艺、饮食文化、人文历史等，具有自身的独特的文化气质和人文底蕴，区别于现代城市文化展现出强烈的魅力和吸引力，体现出极高的生态价值、人文价值和经济价值，是"文化旅游融合"的基础支撑。

地域文化是乡村旅游的核心元素，乡村旅游是地域文化重构的现代手段。乡村旅游是指在乡村范围内，利用乡村自然环境与人文风情等旅游资源，通过科学规划与开发设计，为游客提供观光、休闲、度假、体验、娱乐等多项需求的旅游经营活动。"一方水土、一方文化"，乡村旅游的独特市场价值，要依托"乡村"二字所蕴含的文化内涵，其发展必须基于对乡村传统地域文化的开发和利用，以凸显乡村旅游自身影响力，保持和提升竞争力，实现更有特色、更有质量和更持久的发展。在此，要注意把握乡村旅游对地域文化开发和利用"原真"还是"创新"的"度"。就乡村旅游可持续发展来看，其开发和利用过程中必然要对其"原真"的地域性、传统性、差异性和独特性进行保存和延续，这是区域地域文化区别于其他区域的或其他文化的根本性价值，是吸引旅游消费者的前提；在保持其地域文化内核的基础上，乡村旅游再面向市场、城镇和游客进行合理的创造和创新；"传承但不守旧，创新而不忘本"是乡村旅游开发和利用地域文化这一核心要素要做的方向把握；而借乡村旅游发展，通过各种形式的文化解读、景观塑造、艺术展示和互动体验等，可保护和传承地域文化，实现地域文化的再生产。

总之，没有地域文化的内涵支撑，乡村旅游就不会拥有生命力；没有乡村旅游提供的载体，地域文化就会失去表现"舞台"，缺乏表达手段和感染力。乡村旅游是地域文化重构的现代手段，但并非最终目的；地域文化走"文化旅游融合"之路要平衡好"短期利益"和"长期利益"，以及"经济账"和"文化账"的关系，从始至终都把地域文化传承及乡村生活价值和意义重建重视起来，才是关乎乡村振兴的长远之计。

2. 乡村旅游推动地域文化重构的可行性策略

第一，挖掘地域文化资源、开发地域文化产品。文化产业必须通过生产和提供文化产品，通过消费者的文化产品消费，才能够取得现实的效果。地域文化通过产品的开发、创造和提供，能满足人们对追求美的体验和享受的需要，能让人们放松自己、舒缓压力、释放内心；而地域文化产品蕴含和表达的文化价值观念和精神思想，能潜移默化地影响人们的思想和行为，实现优秀地域文化的传播。乡村旅游产业的发展必须依靠地域文化产品的开发，通过积极开发传统节日文化用品和武术、戏曲、舞龙、舞狮、锣鼓等民间艺术、民俗表演项目，促进文化资源与现代消费需求有效对接。但是，乡村旅游地区的地域文化产品是否能够打开市场、赢得认可，最根本的就在于其内含的文化价值、思想观念和情感因素是否具有吸引力、感染力和持续凝聚力。文化才是文化产品的灵魂及核心，真正决定地域文化产品本质的，是它的思想内涵和审美价值。这就要求在开发地域文化产品时，首先，要突出本土性，必须依托本区域地域文化独特内涵的挖掘、解读和创新，赋予地域文化产品特定内涵，突出的文化气质和文化品格，进行地域文化产品的个性化生产，依托区域资源优势，实现差异化竞争。其次，要注重形式多样性，地域文化产品包括文化商品和文化服务，应向旅游者提供剪纸、木雕、刺绣、泥塑、陶瓷等特色工艺品，以及地域特色服饰和地域特色食品等文化产品；还可以将乡村田野生产、休闲民居、风俗节庆、民间艺术表演等结合起来综合开发。最后，要保障地域文化产品的原创性和创新性，地域文化产品的开发要以内容为核心、以创意为源头、以技术为手段，提升产品的文化含量和技术含量，增强乡村文化的附加值，生产出符合市场需求的、有竞争力的文化产品。

第二，打造地域文化旅游产业链，创设乡村文化旅游品牌效应。在通过挖掘地域文化资源、开发地域文化产品，以传承和发展地域文化的基础上，还要以乡村为平台、以文化产品消费为辅、以文化内涵消费为核心，形成集"吃、住、行、娱、乐、购"于一体的地域文化开发模式，打造地域文化旅游产业链。首先，要把静态的地域物质文化、动态的地域表现文化和深厚的地域规范文化融合起来，营造整体性文化环境。要让游客在乡村的自然生态、地域风情、村落民居、建筑景观等游览中直观地体验，在乡村的民风民俗、传统节庆和民间舞蹈音乐的观赏中沉浸地感受，营造出良好的整体性文化环境，使旅游者获得对乡村自然之美和地域人文之美的整体性感受。其次，创设文化的品牌效应，促进本土文化增值。依托地域文化的乡村旅游发展，应该具有鲜明标识性的品牌元素，与其他地域文化相区别开来。地域文化旅游产业的整体性发展要突出本土性、独特性，才能从各区域地域文化中脱颖而出。因此，打造地域文化旅游产业链，必须注重对原汁原味的地域文化的挖掘，从地域文化上升到地域品牌；乡村旅游的主题要明确、立意要高远，找准目标市场，形成多元化的文化发展模式。再次，要加深与周边区域文化的交流，构建区域联动机制。随着乡村文化旅游产业的快速发展，行业内竞争日趋激烈，在有条件的情况下，既要依托当地独特的文化资源，也要加强与周边地域的交流，找到彼此的文化契合点，形成共生共存的地域性的乡村文化产业集群，从而提高所在地的旅游文化品位和经济竞争力。最后，地域文化的"文化旅游融合"必须关注与地区经济水平和社会发展的交互，因为它需要建立在较为完善的基础设施建设上，如交通、通信等。对于许多具有丰富的地域文化资源但经济发展缓慢、基础设施落后的地域，走"文化旅游融合"之路发展乡村旅游和传承地域文化，还需要很长时间。

地域文化走"文化旅游融合"之路，通过乡村旅游"传承但不守旧，创新而不忘本"的活用和有效表达，将有利于激活地域文化生命力、彰显地域文化价值、提供和强化地域文化载体，从而进一步向外搭建起地域文化现代生存和发展空间，实现文化传承和产业繁荣的"双赢"局面。当然，这一切正面效应的实现和持续，都必须建立在乡村旅游的科学发展的基础之上。然而事实上，如何把控以减少乡村旅游开发对地域文化的负面影响，已经成为亟待解决的严峻问题。

3. 政府层面对乡村旅游的宏观把控

在市场激发下，引导地域文化走"文化旅游融合"之路时，可以看到地域文化与乡村旅游融合所有的现代化和市场化机遇；但更该记住，同样是现代化、城市化和市场化的突飞猛进冲击地域文化，使其陷入"断裂之势"的传承困境。地域文化从困境里走出，断不可再陷入，甚至更深地陷入"断裂"之境。必须直面快速发展的乡村旅游对地域文化发展的负面影响，承认问题、剖析问题和解决问题，以实现对地域文化走"文化旅游融合"之路传承地域文化的目的。

乡村旅游的发展可能进一步加剧地域文化的破坏。地域文化传统封闭性的打破和面向市场的大幅度敞开，必然带来整个地域文化的剧烈变化。"乡村旅游业的发展可能给乡村地域文化带来冲击，造成地域过度商业化的现象，扭曲文化的真实内涵"；可能引发乡村传统文化景观冲击，出现文化景观破碎化和边缘化的现象；多数乡村旅游地对原生文化资源保护不当、破坏严重，使得地域文化环境受外部冲击而日渐走向消亡，使得乡村旅游地淡化了自己的文化而接纳了别人的文化；乡村旅游文化交流中的不对称采借，极易使旅游文化资源所在地区的本位文化产生变异，与外来的客体文化发生趋同性；等等。这些将要或正在发生的负面影响，一个原因是地域文化进行现代化市场化转型必然会出现的文化不适应，另一个重要的原因是当下乡村旅游开发的理念错位和开发技术良莠不齐的加剧。为此，地域文化走"文化旅游融合"之路以传承地域文化，还必须政府层面的宏观把控。

第一，进行科学开发的价值理念导向。一方面，政府要通过官方媒体、电视电影、报纸广播、各种文化活动、互联网等多元渠道弘扬优秀地域文化，确立优秀地域文化在现有文化体系中的价值、地位和尊严，为地域文化的开发利用和价值重建提供主流话语支持；另一方面，在乡村振兴视角下的乡村旅游的开发过程中，要站稳保护和传承地域文化的立场，不能只采取行政化的手段进行形式上的乡村美化运动，破坏了乡村的文化气质，要依托优秀地域文化，留住乡村之"魂"。第二，要完善政策法规、强化标准纲领，将地域文化的文化旅游融合发展纳入法制化轨道。一是要完善和健全针对乡村旅游的政策法规，为地域文化的旅游融合的健康发展提供制度性保障；二是要不断强化标准纲领。第三，要加强市场监管。对地域文化开发的"低俗化""媚俗化"，恶性开发破坏地域景观建筑和自然生态等扭曲地域文化价值、偏离正确发展轨道的行为进行有效监管，有针对性地对乡村地域文化建立保护和惩戒机制。第四，提升地域文化的旅游融合发展的技术水平。乡村旅游开发既需要资源和市场，也需要技术，不同区域地域文化资源具有独特异质性，经济发展水平不一，开发技术也良莠不齐，单靠地方政府的旅游开发难免要出现不科学、不全面和不合理之处。因此，要提升地域文化"文化旅游融合"发展技术水平，政府应该从宏观层面为我国地域文化的"文化旅游融合"提供智力支持，加强基础研究，加强对乡村文化旅游新业态的调研和调查，形成共性的乡村文化旅游的规划设计框架，培育一批乡村文化旅游开发设计的人才队伍，以提供技术性指导和智力支持。

地域文化走"文化旅游融合"之路，实质上，就是通过现代性手段、以现代性方式对地域文化进行活用和重新表达，以适应现代社会的需要，显示出其"有用性"，这是地域文化面向时代从外部架构起生存和发展空间、获取社会认同的过程。

（三）延承"人脉"之培育多元地域文化传承主体和保护主体

1.地域教育是地域文化传承的"生命机制"

地域教育，是指将该地方优秀地域文化作为教育资源，进行教学活动，使受教育者"能在了解与认识自己生长或长期居住的地域基础上，激发地域情感、产生地域关怀与地域认同，贡献自己的力量来改善地域环境、促进国家认同之教育"。地域教育的深远意义，还在于让学生更好地理解劳动的意义、土地的生命意义和乡村生活方式蕴含的智慧，理解千百年传承下来的生命体温、生存智慧和生存方式，以便于乡村学生能够在这样的土地上找到生命滋养的一种可能性，建立起更为开阔的、全面的、包容的和多元的文化观念，为未来的生存和生活提供切实可行的"生命价值观"基础，避免"文化边缘人"的产生。地域教育能够"树立乡村少年置身地域社会基本的生存自信，培养出积极向上的新一代村民，提高他们对乡村社会的重新认识，提高他们置身地域社会的生存技能、能力与自信，实际上就是在培育乡村建设和文化传承的真正的主体"。这样，地域文化"人脉"延续得以实现，地域教育是地域文化传承的"生命机制"。编写地域教材、开发地域课程、培养乡村教师是推动地域教育以传承地域文化的可行途径。

一是编写地域教材。地域教材是以本地的历史传统、名胜古迹、地理环境、物产资源、民族状况等有意义的事物为内容编成的教材。地域教材有利于教育者紧密联系当地文化、经济和社会发展的状况进行教学，有利于培养学生认同家乡、热爱家乡的情感。地域教材作为一种补充性教材，其编写要注意以下几点：首先，必须在学科课程标准或教学大纲的范围内、不破坏统编教材系统性的基础上进行，更以学生身心的全面健康发展为立足点；其次，要结合学校和当地的实际情况，因地制宜地挖掘和利用优秀地域文化资源，把当地自然地理风貌、乡村历史、民歌民谣、文艺服饰、风俗饮食、工艺绝学等进行收集、整理和创造性汇编，开发出一套具有民族性、地方性、现实性、整合性特色的地域教材；最后，地域教材开发应重视本文化与他文化的交流和融合，要避免因太注重民族性和地域性而忽视了现代性、科学性和开放性，导致文化的闭塞。

二是开发地域课程。乡村学校通过课程编排、教师讲解，可以将地域文化系统化的形象直观地呈现在学生面前，让学生对当地的地域轮廓和风貌有更加清晰的认识，从而深化对家乡故土的熟悉情感，加深地域文化认同。地域课程包括但不限于地域教材的编写和教学，还应该包括自然课程、实践活动课程，如耕地、播种、施肥、浇水、收割庄稼等特有劳动实践。地域课程开发：要充分考虑学生的实际生活，引导学生正确认识周遭的地域环境，培养学生健全的地域认知；要做到外来文化与地域文化有机结合，学校正规教育与自然野趣相结合，知识的启蒙与乡村情感的孕育相结合，引导学生学会观察、发现、想象乡村世界，发现并感受乡村环境与乡村生活的美好。

三是要培养乡村教师，提升乡村教师的地域情怀。教师是教育活动的灵魂，地域教材教学和地域课程的具体实施都离不开教师，而且教师本身的文化素养和地域文化情感能潜移默化地影响学生。乡村教师应该具有更为人本化的情感，关注学生的精神世界和全面发展；应该客观理性地看到地域文化的价值所在和传承的必要性，担当起传承地域文化的使命和责任，并以更为开阔的文化视野处理好地域文化与多元文化之间的关系。相对高素质的、富有地域情怀的教师，才能够在农村待得住，又能胜任农村教育工作，有助于发展乡村教育，传承和弘扬地域文化。当然，培养这样的乡村教师队伍，离不开国家政府对乡村教师来源的制度保证，以及其在职过程中文化素质提升和培育，还有对关乎乡村教师生活的工资福利待遇、职业发展前景等问题的解决。

2. 发挥农民和乡村文化人的主体性作用

地域文化"人脉"的延续，需要长远的地域教育以培养新一代村民，也离不开现阶段的农民教育及多元传承主体和保护主体的共同参与。现代化进程中地域社会急速变迁，农民的生活发生了剧烈变化，地域文化的生存空间破裂，"人脉"和"文脉"趋于断裂，不可能让村民来承担文化传承的重任。地域文化的重构，最重要的还是通过国家权力和社会政策的介入，去重塑乡村生活的价值与意义、去给乡村以希望与未来、去留住人心和凝聚人心，以重构地域文化的生存和发展空间。

一是要发挥农民重构地域文化的主体性作用。应在现阶段国家力量的支撑下，通过多种方式激发和深化农民对家园的归属感和对文化的认同感。发挥农民主体地位以重构地域文化应该做到以下几点。第一，要在乡村振兴战略部署下推动农村经济健康发展，完善交通、通信等基础设施建设，整治农村环境，建设美丽宜居乡村，提升农村基本公共服务，逐步健全社会保障体系，全面提升新时代乡村生活的价值与意义，唤醒农民对乡村家园的价值认同。第二，要搞好文化基础设施建设，建立完善的地域文化保护机制，设立地域文化事业专项基金，制订符合当地的乡村文化产业发展的长远规划，促成良好的地域文化建设和发展态势；各个环节都要让农民参与进来，要调动农民参与、发展和创新地域文化的主动性和热情，强化主人翁的文化意识和文化归属感。第三，要进行"农民教育"。把农民组织起来，使农民接受现代教育，包括公民教育、文化教育、科学教育、卫生教育、法律教育、环境保护教育、地方传统文化教育等，使其成为具有现代意识、知识与觉悟的现代农民。通过"农民教育"促进农民的"封闭性、保守性、依附性"的传统人格向"独立、开放、平等、创新"的现代人格的转型，形成契合时代发展的新的价值体系。只有这样，农民主体才能把握好乡村文化振兴的方向，才能担负起地域文化重构、传承和发展的使命。第四，地方政府和社区要"以文育人""以文化人"，要挖掘和利用好地域文化的精髓，进行"家风和谐""民风淳朴"等主题的乡风"软"建设。开展近民意、民情和民生的民俗文化活动、礼仪礼节传统文化活动，如优秀地域文艺作品展、群众性民间文艺汇演等，营造良好的文化氛围。让优秀地域文化成为"乡风文明"建设的内生资源，传递适应乡村社会发展的价值观念和精神追求，弘扬美德、引领民风、怡情养性，以重塑和确立地域文化的价值，构建起农民的文化自信与文化自觉，循序渐进地培育出新一代知文化的"文化农民"。

二是要挖掘和培育地域文化艺人，夯实地域人才队伍。地域文化的"断裂之势"是对传承困境的总体概括，但并不意味着乡村就是文化荒漠，乡村还蕴藏着丰富的地域文化，农民也并不是无文化的群体，有许多散布在广大乡村的民间艺人，他们是地域文化的创造者和传承者，是地域文化重构需要的人才，必须重视起来。如熟悉乡间礼仪，具有学识和智慧的民间学者，如擅长剪纸、雕刻、竹编，善于舞龙舞狮、民歌民谣、书画等的各种手工艺人和文艺艺人。首先，要建立地域人才库，建成人才信息网络，对散落在乡村的民间艺人进行找寻，对各自具体的文化艺术形式进行整理和记录，对突出的艺人进行重点追踪和保护；其次，要从政策和制度上进行支持和保障，对他们的生活待遇、福利安排和发展前景方面进行帮扶；最后，要着眼于民间艺人的培育和发展，不能只"留住人"、还要"发展人、带新人"，应以地域艺人为中心开展地域文化技能培训，开展富有地方特色的"传帮带"活动，通过帮技术、帮项目等带出新一代的地域人才。

三是发挥乡贤和基层领导干部的带头作用。一方水土育一方乡贤，一方乡贤领一方农民。"乡贤"是指传统地域社会中，凭借知识、能力、德行、作为等"立德、立功、立言"造福乡村，塑造出自身影响力和威望的贤人志士、地方官员、长老和乡绅。乡贤是地域传统文化中优良道德价值观的传承者、示范者，也是农民道德行为的规范者、约束者和引导者，在传统地域"熟人社会"和"礼治社会"中发挥着调和乡村社会关系与冲突，进行文化教导、伦理指引，规范乡村秩序的重要作用。在地域文化重构中，一方面，我们可以学习"古贤"，开展"知乡贤、忆乡贤、颂乡贤、学乡贤"的系列活动，让乡贤文化助力乡风文明建设，同时又弘扬先贤文化，赋予地域文化时代内涵和价值；另一方面，要培养和发挥"新贤"在重构地域文化过程中的领头作用，依靠优秀的基层干部、道德模范、知识分子、身边好人、能人等"新乡贤"主体，激励他们做优秀地域文化的宣传者、传承者和捍卫者。特别是基层领导干部，作为国家政府的文化制度政策的贯彻执行者，应当清楚传承和发展地域文化的重要性，应该通过加强理论学习，正确把握和落实好各项文化方针政策。

3.推动地域文化传承主体与保护主体多元化

地域教育是地域文化传承的"生命机制",农民和乡村文化人士是地域文化的传承主体,是传承地域文化的"人脉"所在。此外,还可以将非地域社会文艺工作者、相关机构组织等引导、纳入地域文化传承和保护的行列中来。

一是可以引导社会文艺工作者创作出更多体现地域文化价值的作品。地域文化既有沉淀乡村记忆的丰富多彩的物质文化、原汁原味生动活泼的表现文化,更有蕴含人文精神和道德观念的规范文化,对于乡村振兴、社会发展的一些问题有着重要价值,要支持反映农民生产生活的"三农"题材文艺作品创作生产。首先,要引导文艺工作者树立正确的历史观、民族观、国家观、文化观,自觉讲品位、讲格调、讲责任;其次,引导文艺工作者深入乡村、体验乡村生活,把值得保存的地域物质文化和地域规范文化展示出来,把优秀地域规范文化的文化故事和文化精髓挖掘出来、提炼出来、展示出来,创造出更多体现地域文化价值的优秀作品;最后,要紧跟时代潮流,引导文艺工作者推出更多健康优质的、以地域文化为主题的网络文艺作品,坚决抵制以偏概全、丑化和污名化地域文化的低俗、庸俗和媚俗的作品。

二是借助相关组织、协会推动地域文化的传承和保护。目前,与地域文化传承与保护的相关的社会组织和协会有很多。例如,以"弘扬民族、民间、民俗文化主旋律"为宗旨,为民族、民间、民俗文化艺术的传承、研究和交流搭建平台的中国民俗协会;在多元文化记录、传播、共享的旗帜下,做中华民族文化精神传承者,做文化遗产记录者的,已成为中国文化遗产保护的重要力量的中国民俗摄影协会等。这些存在并且得到发展的协会,是民族、民间和民俗文化需要被保护和传承的体现,也是其传承重要性和必要性的体现。对于地域文化发展而言,若政府鼓励地域文化传承与保护志愿者协会等的建立与发展,并加以引导和支持相关民间艺术组织协会,则将激发其发挥出更大的价值和作用。

统观地域文化重构的全局,国家力量始终贯穿在地域文化重构的过程之中,是地域文化重构的保障者和推动者。无论是内部重塑地域文化及其价值认同、外部推动地域文化走"文化旅游融合"之路，还是培育多元地域文化传承主体和保护主体，单靠地方性的、零散的建设还是不够的。地域文化走出传承困境实现重构，需要在国家政府宏观的、全面的顶层设计下进行；需要国家政府的政策制度、财力、物力、人力的大力地、持续地和有效地投入，国家力量不可缺席。

在乡村振兴战略带来的国家力量的支撑下，内部重塑地域文化价值认同、外部推动地域文化走"文化旅游融合"之路以延承地域文化"文脉"，培育多元地域文化传承主体和保护主体以延承地域文化"人脉"，将推动地域文化走出"断裂之势"，实现立足地域文化传统的现代性融合。地域文化重构，实质上就是在重新解读和赋予地域文化内涵，重新培育地域文化的创造和传承主体，重新为其营造一个现代生存空间和环境，以提升地域文化的内在认同感和外在竞争力，重新确立起地域文化在乡村振兴、民族文化繁荣和中华民族伟大复兴进程中的价值和地位。

第三节　基于地域文化的乡村振兴设计要点

一、地域文化革新：新旧文化相互融合

可持续发展的乡村文化是在保留优秀传统文化因子的基础上，结合现代文化元素，不断地进行文化的自我革新与再塑造的发展过程。因此，新时代的乡村发展应充分挖掘地域文化特色要素，不断地进行文化革新，并结合当下的发展目标重赋价值，再通过现代设计手法将乡村地域文化要素转化为符号化的显像语言，凸显在乡村的风貌环境中，形成乡村的地域特色景观。

二、产业＋地域文化：打造文化产业基地

地域文化是乡村发展的催化剂与引擎，乡村应将无形文化要素融于有形经济实体，制定差异化的产业发展定位。首先，应鼓励发展休闲农业、创意农业，充分利用乡村的生态景观资源，打造具有地域文化特色的生态园、湿

地园、森林园、现代农业园等；其次，在发展乡村旅游的基础上，致力于打造地域旅游文创品牌；最后，依托乡村良好的自然环境，打造艺术创意基地，借助创意产业的发展突出乡村文化主题，形成乡村地域特色，促进乡村可持续发展。

三、人才＋地域文化：构建文化认同纽带

现代乡村发展的瓶颈是年轻人口的流失及乡土人才的缺失。人才是否愿意扎根乡村，归根结底，在于人才对于乡村是否有文化认同感。为此，应制定相应福利政策，改善乡村的软、硬环境，吸引高素质人群扎根于乡村，鼓励乡村的本土年轻人返乡创业、就业，创建新型人群生态链。应重点加大对本村文化教育事业的投入力度，加强孩童对乡村的地域文化认同感，培养乡土人才，重塑乡村发展的活力。

四、生态＋地域文化：加强生态文明建设

乡村应加强生态文明建设，保护乡村特色自然环境与风貌。首先，各乡村应结合地域文化，树立正确的治理理念与资源消费观，并在乡村加以普及宣传。对村民进行生态保护的文化教育，普及生态环境保护的重要性，培养村民的自觉保护意识。其次，应结合乡村地域文化，开展生态环境保护基本技能的培训，避免枯燥乏味的简单宣讲，提高村民对于生态文明建设的积极性与兴趣，将环境整治作为乡村发展的重中之重。

五、治理＋地域文化：培养公众参与意识

首先，乡村应将乡土文化纳入乡村教育体系，避免乡村教育对城市教育进行盲目模仿。在致力于提高村民文化素质水平的同时，激发他们的"爱家乡""爱故土"的情怀，使得他们积极主动地参与投入乡村发展事业中。其次，还应将一定的事务权责落实到基层自治组织中及村民个体上，完善乡村的治理体系与结构，提高乡村的公众参与程度。

第四章　基于地域文化的乡村生态文明建设

第一节　基于地域文化的乡村人居环境建设

一、乡村人居环境理论基础与现状

（一）乡村人居环境的相关理论

1. 景观生态学

景观生态学最早由德国地理学家卡尔·特罗尔（Carl Troll，以下简称"特罗尔"）在 1939 年提出，是研究一定范围之内的、由多种不同生态系统构成的景观的空间结构和相互关系的学科，强调要运用生态学的原理对景观的结构、功能和动态变化进行研究。从理论上，揭示了景观的人工和自然方面具有一定的同步性，并研究分析了如何运用景观与生态系统的运行机制关系。

美丽乡村拥有宜人的自然景观环境和优质的生态条件，在城镇化快速发展的趋势下，乡村在乡村居民和城市居民的意识中仍然被认为是最适宜生活的重要聚居空间。在具有乡土特征的生产景观或农业景观上，体现了人与自然和谐共生，以生态变化规律为基础建立起来的景观类型，在可持续发展能力方面，景观在人为利用改造自然的方式上具有不可替代的作用。通过研究景观格局及人类活动与景观的相互作用，提出相对应的景观优化设计方案。

景观生态学是建立在以生态系统为基础原理，研究景观的组成要素，形成景观结构、景观功能、景观动态的三元格局之上，是运用景观手段影响乡村人居环境优化的意识形态和理论体系，借自然环境载体进行协调和优化的发展过程，突破以往乡村景观设计以追求形式和风格为导向的设计观念，强调景观在生态方面的整体性和内外关联的系统性。

2. 景观美学

景观美学是环境美学的重要内容之一，它是针对景观的美学特征、审美价值、构造规律为对象进行的研究。在史蒂文·C. 布拉萨（Steven C. Bourassa）的著作《景观美学》中，他从审美经验、生物法则和文化规则三个方面进行理论分析，并兼顾景观美学的应用，综合各类美学评价模式，提出了创造性理论。或如吴家骅在《景观形态学》中提到，从景观的变迁方面，从人的角度发现他们欣赏和处理景观的原因方法，是以历史文化为基础，分析景观美的溯源，是具有普遍性的设计方法。

乡村环境作为农业景观的集聚地，是千百年来的传统的耕作方式和作物在大地上的自然呈现，具有田园风光的农耕美。从乡村景观文化的角度，乡村景观是人类为了提高生存质量而积累的生存经验，是在乡村生产生活的发展过程中，人工与自然不断渗透交融的乡村智慧美学。在国内相关研究中，乡村景观基于欣赏与审美的层次，具有传统文化的审美背景，在现阶段乡村景观的变化趋势中，应基于新视角下的设计观念，更加关注时代性的审美标准，以及现代乡村景观如何与传统文化产生更协调的互动。

3. 场所精神

建筑学家克里斯蒂安·诺伯格 - 舒尔茨（Christian Norberg-Schulz，以下简称"诺伯格 - 舒尔茨"）在《场所精神 —— 迈向建筑现象学》中，系统完整地阐述了场所精神理论，认为场所是由具有物质本质、形态、质感和颜色的具体的物组成的一个整体。这些物的总和决定了一种环境的特性，即场所的本质。一般而言，场所都会具有一种特性或气氛，因此场所具有固定的、整体性的特点。

场所精神在物质上关注空间和特性，在精神上强调方向感和认同感。从物质环境方面，相对城市空间的密集建设，乡村建设更具有良好自然格局，包括自然地理、地形地貌、气候、河流等环境要素。在人文环境方面，乡村生活方式、地域文化、风俗习惯等要素，更能获得人们在乡村地区生活生产的认同感，这种空间的特性是在固定场所存在的，是衡量一座村庄是否具有辨识度的具体体现。

设计具有乡村精神的景观，场所精神理论从物质和精神环境方面提供了理解空间特征符号的方法。对于游走于当今景观设计体系中的乡村设计，在真实质朴的乡村语境中，改变乡村景观千村一面的现实问题，结合传统文化与现代生活优化旧有设计，形成新的有机联系，为村民提供文化发生的舞台。如诺伯格 - 舒尔茨指出的："场所的最大意义在于发生生活，是具有特殊风格的空间。"

（二）乡村人居环境

1. 人居环境

从学术的角度，在《人居环境科学导论》中吴良镛将其解释为是人类聚居生活的地方，是与人类生存活动密切相关的地表空间，它是人类在大自然中赖以生存的基地，是人类利用自然、改造自然的主要场所。不论是城市环境还是乡村环境，都是自然环境与人工环境相互依附并相互关联的人类聚居组成部分，城市聚居和乡村聚居之间也是相互联系和影响的，都需要完整地加以考虑和研究。

人居环境学发展的历史渊源中，最初在 20 世纪 50 年代由希腊学者康斯坦丁·阿波斯托洛斯·道萨迪亚斯（Constantinos Apostolos Doxiadis，以下简称"道萨迪亚斯"）撰写的《人类聚居学》中，"人居"一词被首次提出，其概念是在人居和生态环境科学这两大概念范畴的基础上发展而来的，围绕着人类生活聚居的环境及他们之间的相互关系，综合了建筑学、地理学、社会学等，从一个侧面深入人类聚居的研究，将人类居住环境分为自然界、人、社会、建筑物和网络五个组成要素，各种要素之间有多种组合方式，来了解和掌握人类聚居的发展规律，发现和解决人类聚居中存在的问题，用以创造更良好的生活环境。但道萨迪亚斯的人类聚居学的相关学术活动在 20 世纪 70 年代他逝世后基本终止。

直至二十年后，吴良镛先生在 1993 年提出人居环境科学，为回应当时的中国国情，在其他相关学科的蓬勃发展的背景下，吴良镛先生吸收 20 世纪 80 年代建筑和规划学科产生的新理念和方法，吸取道萨迪亚斯人类聚居学的精华，构建了具有中国特色的人居环境科学体系。这一体系是囊括了乡村、集镇、城市等所有的人类聚居为研究对象的科学，并且从政治、经济、社会、文化、技术等方面更全面系统地加以研究，更好地掌握人类聚居的发展规律，建设更符合人类理想的聚居环境。

现在，人居环境科学理论体系又走过二十余年的历程，各种学科的交叉发展，人居环境的研究范围不断扩大。从景观设计的角度，如叶齐茂先生将构成乡村人居环境的要素分为建筑环境、自然环境和人文环境，指出了景观在乡村建设中发挥的综合价值。学者刘滨谊从哲学三元论角度，分析人居建设、人居活动和人居背景，将景观设计提升至人类基本生存的要素层面，建构了人工—人工自然—自然的三元结构，为景观设计在乡村地区发挥的聚居作用提供了研究依据。基于在上述人居环境研究背景中，景观的学科优势被纳入了人居研究，并运用人居科学将景观转化为了更系统可操作的设计方法。

2. 区域景观规划

区域景观规划理论来自伊安·雷诺克斯·麦克哈格（Ian Lennox McHarg）的《设计结合自然》一书，此书指出了区域景观规划设计主要解决区域水平或景观之间的生态关系，以区域景观为整体，协调政策、经济、社会、人口、资源与环境和景观之间的，尤其是自然景观与人文景观之间的关系。

基于上述研究的思路，乡村区域景观规划设计，是发挥景观的作用，对乡村规划内容进行补充。村庄中，基于受乡村文化、乡村环境、乡村经济等多类要素影响的背景，乡村面临着不同程度、不同层级的影响，在乡村人居环境优化建设的趋势下，为人工和自然景观如何满足村民需求，如何能与村庄之间进行更整体系统的互动，区域景观规划提供了明确的操作方法。现阶段，对景观在乡村中的地位和重要性还没有引起足够的重视，乡村景观设计方案中也缺乏对村庄中的自然地理特征、历史文化特色、经济社会发展等景观内涵的认识，引发乡村景观在使用过程中出现与村民的实际需求相脱离，与村庄规划未形成协调的对应关系。

乡村是各类要素组成的综合体，乡村景观也具有相似的结构特征，以及相互依存的良性发展关系。德国规划师路德维格·希尔博赛默（Ludwig Hilberseimer）指出，新的区域模式将取决于景观的特征；它的地理和地形特征、自然资源，取决于土地利用、农业和工业方式；它们的分散与整合，取决于人类活动，包括形形色色的个人活动和社会活动，明晰了景观在区域内与若干因素之间的互动关系。

3. 乡村记忆

法国社会学家莫里斯·哈布瓦赫（Maurice Halbwachs，以下简称"哈布瓦赫"）是集体记忆理论的开创者，率先提出了"集体记忆"，从过程和结果的角度，将集体记忆看作一个社会群体内成员之间共享的故事。在如何传承集体记忆方面，其重点是提取社会交往及群体意识，通过发掘故事与记忆的延续性，保护集体记忆在社会群体之间发挥的文化作用。美国社会学家保罗·康纳顿（Paul Connerton）在哈布瓦赫"集体记忆"理论的基础上，深入发展了"社会记忆"的理论研究，提出集体记忆与社会记忆均指"一种群体的记忆"，强调了社会记忆的延续性和传递性。

在社会群体中，每个人都会在生活和交往的过程中，与其他的成员建立起共同的记忆和经历，当个人离开或回归这个群体时，这种意识的纽带会产生强烈的归属感和亲切感，是将人们连接成集体的重要因素。在乡村空间中，生活空间是村民重要的社会交往场所，村民在村庄内通过不断的生活交往行为，逐渐形成了在村庄中的共同记忆，这些记忆在生产生活中不断产生和被提炼，是村民之间形成集体意识的黏合剂，并在村庄内以不同的方式记载和保存，从而传承了乡村社会的历史与文化。当前，我国乡村也在发生着快速的变迁，村庄的形态结构与村民的生产生活方式、行为特征、思想观念都在发生着变化，这不可避免地对乡村记忆的延续与传承产生着影响。

乡村景观作为承载乡村社会历史和文化的载体，记录和传承区域的生活生产故事，形成深厚而多元的文化积淀。在现阶段乡村景观脱离村民、生活、精神文化的背景下，乡村景观将改变农民心中"被城镇化"的精神家园，探索乡村记忆和现代人居的合理形式，以发挥优质景观设计的文化效益。

（三）乡村人居景观的现状

1.区域规划和景观布局的缺陷

乡村以新乡村建设为起点，经历了如美丽乡村等的阶段性规划后，村庄区域的基础设施、经济条件、绿化水平都得到了一定改善，但在景观区域规划方面仍然存在一定不足。

在区域规划方面，在生态格局上，乡村自然景观环境受产业发展影响的趋势下，由分散务农的小聚居组团向集中式的生产建筑转变，影响了自然要素与乡村建筑之间小肌理渗透的整体风貌关系；在建筑布局上，农宅群组的肌理受到影响，工厂等大体量建筑影响了村庄细密的肌理关系和建筑格局；聚落形制上，现阶段村庄出现的西式洋房在造型、色彩、材料等方面影响了乡村建筑风貌的整体意向，存在建筑形制混乱并置的现象。以上几个方面都反映了当前村庄规划面临的现实问题。

首先，受土地利用格局和观念转变的影响，乡村景观设计在布局方面也受到了相应的影响。由于密集生产性空间的增加，农业生产景观在村庄中比重下降，影响了乡村生活居住区的自然品质。其次，受不合理的乡村面貌整治方法的影响，部分村庄内地面大面积地使用硬质铺面，造成了聚落内部景观比例严重下滑，内部的景观设计也简陋草率，而主要的景观设施被集中地建设在聚落外沿部分。景观资源配置不均造成的可达性问题，降低了景观的使用效益和生态价值。

2.景观形态和功能机制的滞后

当下乡村景观功能的变化主要来自村庄多元产业结构的发展，景观形态方面则受因产业发展带来的生活和审美方式的变化的影响。

从乡村景观的功能来看，在经济社会结构发生巨大调整后，传统农业在乡村环境中的比重日趋衰微，原来体现农业、手工业等产业活动的传统乡村景观，作为人工与自然环境的结合产物，以服务农产和生存方面提供物质基础为背景，与村庄生产方式有着密切关系。因此，随着乡村城镇化进程的不断深入，乡村出现工业、服务业等非农产业，使乡村景观的功能作用趋向多元化。

在乡村功能定位的问题上，在乡村空间表现出明显的功能混合的趋势下，由于注重专业分工，景观空间在乡村中常进行孤立设计，与乡村产业、文化等方面缺乏协调整合，景观设计没有宏观整体的设计策略和功能布局，导致了景观功能不能较好地满足多方面的使用诉求，景观设计与乡村发展之间未形成良性的运行机制，没有发挥出景观应有的功能效益。

3. 乡土特征和文化精神的淡化

在过去的几十年的建设中，乡村一改以往的面貌，杂乱的砌石路被水泥铺面覆盖，散置街边的土地也被建造成现代的几何广场，文化特色被简陋的符号代替。村庄在诸如此类方法的建设后，在秩序性显著提升的同时，乡村的特色印象逐渐被自上而下的建设方法抹去，快速城镇化发展在提升人们生活质量的同时也淡化了传统乡村景观的乡土气息。

由于对乡村文化精神的提炼理解不足，在追求建设速度和形式整齐划一的设计思路的影响下，忽视了地域文化的优质观念对于村庄机制运作的价值和意义，呈现出了城镇化、简单化的倾向，是村庄地区特色风土人情消失的主要原因。在这种村庄标准化建设的影响下，乡村风貌同质化导致了乡村景观的特色化和地域性衰弱，设计中强调的城市空间中"理性与效率"的设计观念，以及采用城市社区行列式布局模式，造成了千村一面、布局单一的现实问题，破坏了原有乡村的自然发展的结构形态和质朴和谐的场所氛围，与美丽田园乡村的印象格格不入。

二、乡村景观的组成要素与特征分析

（一）乡村景观的组成要素

1. 聚落景观

在人居环境理论中，聚落是与环境相互支撑共存的人类聚居的地方，具有系统性、整体性的特征。景观生态学认为，聚落是人口活动的文化景观中所存在的人文环境，强调了聚落是人类在自然环境中进行改造活动的场所，是人工与自然相平衡的物质要素。

作为乡村景观体系中的核心组成部分，聚落景观是人类在乡村发展历程中，记载了在某一区域中不断协调人类与自然之间人地关系的空间，并通过景观的方式刻印在了乡村建筑群落中，是具有地域特征的人文艺术资源，是依附于乡村聚落中，并与其共生共存的空间形式。

聚落景观作为承担主要居住活动的场所，受区域气候环境、布局尺度、功能形态、社会历史等人为或自然因素的影响，在聚落景观的整体布局上，私密和公共空间相互穿插补充，场地空间和边界形态自由而多样，形成了与周边自然环境的良好互动关系。聚落景观中的街道、小巷等交通路线为空间中的结构框架，将村庄中不同的功能空间串联成一体，形成了依山就势和小尺度密集路网的连接方式。独特的地域性建筑，在人们的生活中与自然环境产生紧密的联系，都对建筑形态和社交方式产生了重要的影响，形成了具有连贯整体和统一风格的特征。聚落景观的人文氛围也受乡村积淀的文化经验影响，这些浓缩了村庄生活而形成的具有象征意义的聚落景观，往往可以使人感受到田园乡村的归属感和认同感，在邻居之间进行情感交流的过程中发挥积极作用，是人们感受乡村文化和乡村生活的重要场所。

乡村聚落景观是五千年农耕文明的集中体现，对中华文明的延续有着不可替代的作用。但近年来对村庄的建设使聚落景观受到了严重影响，乡土气息的日渐衰弱，使乡村地域文化的复兴备受重视。作为乡村景观体系的核心部分、聚落文化的集中体现，聚落景观优化设计对乡村文化复兴有着积极的引导作用。针对聚落景观的优化设计，需要提炼村庄聚落景观的格局演化、布局肌理、建筑形态等方面的内涵，并结合新时期乡村景观的发展需要，以优化更新设计作为空间载体来复兴乡村聚落文化。

2. 生产景观

农业生产型的景观来源于传统的农耕方式，是农耕传承的重要载体及典型乡村景观的缩影，生产型景观是人类对自然的加工和再创造，相比较于大自然的鬼斧神工，具有比较明显的人工作用痕迹，是乡村环境的第二自然。生产型景观来源于生活和生产劳动，它融入了生产劳动和劳动成果，包含人对自然的生产改造（农业生产）和对自然资源的再加工（工业生产），是一种有生命、有文化、能长期继承、有明显物质产出的景观，又是一种普遍意义的景观类型。

生产景观的主要功能在于为生活提供物质需求，根据乡村区域的生产景观产出方式的不同，传统的乡村生产景观可以分成农业景观和手工业景观。农业景观是生产类景观最主要的景观形式。农业生产景观不同于自然景观，是建立在自然基础上，基于自身的生存要求向环境索取生存资源，并且受区域环境差异性的影响，形成具有地域性特征的农业生产景观。对于聚落景观而言，生产景观是支撑聚落运行的物质保障，两者共生共存，是村庄文化经验发展过程中的见证和重要载体，其特征形式可以决定乡村景观的整体意向。

手工业景观是村民手工劳作和村庄生产场所共同构成的景象，这种景观类别更具有人工属性，是人们在获得自然资源后对其价值的再一次发掘，是具有更鲜明的传统文化特色的产品，如酿酒与酒厂、制砖与砖窑、木雕与林场。这些生产活动产生的技艺和场所都属于手工业景观的范畴，具有非物质文化传承价值和场所的时代印记，对于村庄的发展扩张具有重要的价值。

基于上述对生产景观两个类别的阐述，这种乡村农耕文化和技术工艺是人类的劳动智慧形成的文化痕迹，在生产过程中，村民从地区环境中受到启发，在劳动中探索出了生态科学性和文化艺术性。当前，在村庄现代而多元的产业文化引入的趋势下，乡村中历史悠久的农业手工业逐年凋敝，生产场所也几近破落。针对当前乡村生产景观的问题，景观优化设计通过对乡村生产文化的整合，运用到新时期的乡村景观设计中。通过提取乡村传统工艺中独特的设计文化，保持地区文化特征特性，结合现代景观设计方法，复兴乡村生产景观文化活力，既发挥了现代工业技术对乡村发展的促进作用，也对乡村的特色艺术文化的传承发展有着积极的价值作用。

3. 自然景观

自然景观是乡村环境中规模最大、分布最广、生态质量最优的景观组成要素，由地貌、气候、植被、水文等元素共同构成了不同乡村地区的景观基础和景观特征，展现的是一个地区天然的生态风貌，是乡村景观的自然基础和设计依据。

在自然景观对乡村景观的影响与价值方面，从自然环境对乡村环境的直接影响角度分析，受地区性气候条件特征的影响，植物种类和种植方式存在差异，形成了各具特点的地文特征。从自然因素对乡村景观的影响角度分析，乡村规划格局和建筑形态形式都与地域性生态环境的有机结合相互关联，形成鲜明的区域特色和各类风貌的乡村景观，反映了当地人为适应地域气候和土地形态。

在自然景观自身的审美特点上，其在形态、色彩、和内涵等多个方面均具有独特的审美特性。从形态上，地域性特征下的山水林湖，表现出了不同的形态类型，如雄伟、奇特、险峻、秀美，形成了丰富的自然形态。从色彩上，北方自然的漫山红叶和南方自然的天水一色，构成了最大众化的审美形式。从内涵上，人们常常凭借在自然中发现具体可感的形象或符号，来传达或体现某些概括性的思想观念、情感意趣，产生一种人文情怀的审美属性。

乡村自然景观的存在与其本身拥有的生态价值有关，也反映了地区的生态格局，是一个地方地域特色的标签。随着人类文明的不断发展，在人们对乡村环境过度开发利用的背景下，回归自然是社会发展的必然追求。在中国传统哲学自然观中，崇尚自然的景观设计也形成了人与生态之间的联结纽带，孕育了中国特色山水格局，当前的景观设计更应在自然环境中汲取设计灵感，合理科学地规划乡村景观环境，建构整体优化设计策略，充分发挥乡村景观在自然环境中的生态效益。

（二）乡村景观的特征分析

1. 人工与自然的和谐共生

乡村的自然环境与景观格局有着密切的互动关系，在乡村发展的文化积淀过程中，遵从在自然可承受的基础上构建人文要素的规律，根据农耕、节气的变化安排和设计景观空间，形成自然要素和人文要素相互依存的特征。

乡村景观和谐共生的特征是村民对土地层面上的生产、生活理念所决定的，在当今景观设计回归乡村本真的时代背景下，和谐共生更是追寻我国传统自然观念的方法指引。在道家的自然哲学观中，"天人合一"的观念引导了我国景观设计的价值体系，人们积极探索自然生态规律，在有限的地理空间中，运用和谐、自然、巧妙的营造手法，强调人工与自然和谐共生的可持续发展观。

乡村景观和谐共生的具体表现，体现在人工与自然不断调试的过程中，形成的村庄聚落与自然环境之间的布局结构上。分散布置的聚落与周边自然既存有大的界面区分，也有小肌理的相互渗透。通过这种生态环境与人工环境的相互作用和协调，各个单元遵循与环境的整体性融合共生，既可以保证聚落内生物多样性、生态风貌完整，也保证了乡村景观在与生态环境相互作用的过程中发挥良好的实用性，是乡村景观特征的重要体现。

在新时期对乡村景观优化设计的背景下，建设者延续继承传统自然观念，科学地分析自然、人工交相融合的机制，发挥景观优化设计的协调优势，引导乡村景观进入良性健康的发展途径。

2. 统一与多样的空间形态

从乡村聚落营建的角度看，差异性是乡村景观的重要特征。在一个传统村落中提取相同的元素进行比较发现，在较为统一的形制下，乡村民居的体量、院门的朝向、街巷的长短曲折都有明显的差别，这是村民对乡村空间的自发性营建带来的结果，也正因如此，乡村景观才会具有丰富的体验感，是城市标准化设计难以企及的乡土魅力。

乡村规模扩张的方式是漫长的有机生长过程，是长期的生活过程中形成的累积，不仅包含了独立的个体行为，也融入了历史的形成过程，是村民不断地对生活环境进行认识和设计的营造方式，最终形成了村庄丰富多样的空间形态。

在乡村统一与差异的空间形态上，传统乡村景观的营建并非一日之功，而是一个自然历史的层积过程。在对乡村空间形态进行景观优化设计时，不能单一追求村庄肌理的相对统一，更不能生硬地嵌套城市标准的布局模式，应通过分析乡村空间形态的形成机制，引导现代景观设计方法发挥现代设计提升空间功能品质的优势，满足便捷高效的生活诉求。

3. 地域特色的形态设计

乡村设计作为一种顺应自然的人为建设活动，其形态功能的发展和运用会受到区域环境的影响，形成具有当地特色的景观形态。举例来说，建筑结构上，不同的地理位置、地形地貌和气候条件造成了南北方民居的结构差异。生产方式上，不同的生产方式，如浙江青田的"稻鱼共生"生产景象和北方的平原旱田，都形成了乡村独特的建筑技艺和景观形态，体现了多元的地域性差异。

当前，人们在景观设计方法不断更新的过程中会发现，这些传统的景观形式被重新整合处理，并运用到现代的空间设计中，衍生出了新的现代设计形式。以"桑基鱼塘"为例，在广东村落作为传统农业生产型景观，通过提取其中的肌理特征和景观形态，作为新的构图方式融入当代广东城市设计方案中，延续了地区人文特征。

三、乡村人居景观优化设计策略

（一）乡村景观优化原则

1. 延续景观格局和演变规律

在景观设计中，空间格局和生活环境在一段时间的变化规律，对乡村景观的优化具有重要意义。乡村受地区地文因素的限制，在不断的发展过程中，逐渐演变出了扎根于地区特征的格局秩序，在空间上的分布是有规律的，如依山而建的沿等高线逐层排布的梯田形式，创造出独具生态特色的农业景观，这样源于本土的方法积淀了当地人的生产智慧经验，反映了景观格局长期的演变过程。

设计原则以保护景观格局为基础，对景观格局与演变规律之间影响关系的把握，是深化乡村景观优化设计的关键。乡村景观格局可从宏观和微观两个角度进行分析，宏观视角下，体现在乡村聚落肌理形态和农田林地的土地利用方式上。从较微观的视角，景观格局表现在建筑风格、道路组网、河流水系、植物配置等方面的特点。在村庄的演变规律方面，是在当前乡村空间用地范围迅速扩大的背景下，分析对乡村肌理产生的影响及新旧用地之间的互动关系。

景观优化设计在通过降低对乡村格局秩序影响的基础上，在村庄的景观规划布局部分，依据分析村庄各类建筑物布置的成因，联系地区自然生态环境，结合村庄发展潜力，形成人文与自然关系里相应的区域优化设计，综合提升空间的景观质量。在景观设计的部分，合理分析设计与周边环境的关系，使景观和建筑的形态能融入村庄的整体环境，处理新旧建设区域之间的空白节段。

2. 重构与优化乡村空间资源

对于任何一个乡村，聚落内部组成要素、结构与布局的变化直接影响聚落类型，这些变化体现在乡村聚落生产、生活和生态空间的转变。在当前村庄现代化、工业化的影响下，出现了农业型村镇向非农业型村镇靠拢的趋势，使村庄经历分化和重组的过程，这种变化对乡村环境的协调发展方面提出了新的需求，景观优化设计的焦点，也集中在聚落生活生产空间的设计更新上。

以区域规划设计为主体进行分析，在现代化乡村规划调整配置的背景下，从综合视角分析村庄生产生活空间中的功能、文化和生态等要素。从景观功能的布局上，合理进行功能定位，使景观设计与现代的生产生活诉求之间进行对应配置，通过改造或建立新式景观设计满足村庄的新阶段需求。生态要素方面，提升聚落内部生态水平，提高景观绿化面积，并发挥植物造景在整理细碎化村庄空间的作用，填补建筑间闲置用地。

综上所述，在村庄空间的布局调整下，运用景观积极组建乡村功能结构，平衡村庄新发展阶段的自然环境、现代发展、文化习俗等要素，使村庄提升现代生产生活水平。在乡村转型阶段的背景下，景观规划发挥着在协调和整合区域内资源上的优势，形成具有集约高效的乡村聚落，为乡村产业发展和乡村居民提供健康、优美的乡村环境。

3. 挖掘乡村文化的设计价值

对乡村历史文化的保护，最重要的是对其传统设计理念的更新，在"有机更新"的设计思路中，保持乡村景观整体性的同时，充分利用历史建筑的形态，通过提炼乡村古建筑的形制特征进行形式上的更新创造，来丰富乡村的群体空间。

以传统文化与可持续发展的关系为分析角度，传统乡镇的更新中"有机秩序的取得在于自然之理 —— 持续地有序发展，以旧城固有之肌理 —— 顺理成章"的设计思路，揭示了特色文化在传统城镇的更新设计过程中的重要地位。强调对文化的继承，一方面，要提炼地域文化特征的实用价值，有序进行设计；另一方面，要指出空间环境的建设离不开整体而系统的文化背景。

在当前乡村景观的发展中，文化价值可体现在农业文化遗产的生态价值及乡村文化本身的物质与非物质价值。在生态价值方面，村庄农业具有丰富的农业生物多样性，如广东桑基鱼塘的田鱼、哈尼梯田的红米与紫米，维持了地区农业生态的稳定，也改善了当地居民的生活条件，成为发展地区特色景观的资源优势。在物质与非物质文化方面，物质文化中乡土建筑具有丰富的历史、文化、艺术建筑，直接反映了乡村的文化内涵和个性特征，非物质文化中，乡村民约、宗教礼仪、风俗习惯、民间传说、歌舞艺术及饮食文化、服饰文化、建筑文化等丰富多彩，维持了文化多样性，促进了传统文化的传承，具有重要的设计应用价值。

村庄从村域格局到民居院落的物质文化，从历史文化到风土人情的非物质文化，通过对文化内涵的理解，为村域整体的空间设计带来富有地域特征的变化，即传承和创新传统文化形态的乡村景观设计方式。

（二）乡村景观区域规划理念

1. 景观规划的协调性

在乡村城镇化现代化的发展过程中，村庄受到外来城市文化带来的不同程度的影响。例如，工业的引入对乡村自然环境的损害，城市标准化与乡村肌理的矛盾关系，以及现代产业文化与传统农业生产生活之间的文化碰撞等问题，使乡村空间呈现出不稳定的发展结构，从而影响了乡村景观规划的协调性。

基于上述问题现象，乡村景观可以发挥协调空间秩序的优势，有效解决当前乡村规划面临的发展困境。针对乡村景观协调性价值，其作用可以体现在对村庄自然格局、聚落形态和空间功能三个方面，实现对乡村系统的优化改善。

在自然格局方面，乡村景观的协调性可以表现在对生态秩序和自然风貌的延续上。乡村建设中因地制宜的土地利用方式，使村庄每一处土地受自然因素的制约，同时也赋予了土地新的生命力。乡村景观应适应自然环境的自然节律进行设计，如村庄建设考虑到土地承载力的问题，形成了自然与人工肌理之间的穿插形式，水文气候对地方人工环境等影响。发挥乡村景观对生活空间内自然因素的调整与平衡作用，使自然演变规律和乡村设计相对应，形成生态可持续的乡村景观空间。对自然风貌的延续，表现为提取自然生境中的形态符号和生态资源的自然美感，在景观设计的基础上进行抽象表达，为乡村景观塑造山水意向的自然形态，这种浑然天成的景观形态与周边环境相互呼应对照，反映"天人合一"的自然哲学观念。

聚落形态方面，乡村建筑肌理是人类在自然中不断演变发展的痕迹，具有历史人文的特性。乡村景观设计作为衔接自然与人工的媒介，更应发挥对乡村肌理的协调作用，统一乡村聚落风貌秩序，丰富聚落建设层次，优化村庄有机生长的发展秩序。

由于各个功能区块在乡村中常作为独立的设计方案，与周边的其他功能区或是自然环境未进行系统科学的规划分析，乡村的各个功能组团逐渐演变成各自运行的"孤岛"。景观对空间功能的协调方面，是根据目前乡村现代化发展的普遍现象，以村庄内碎片式布局的产业区为背景，通过发挥景观区域规划一体化的设计特性，分析各功能组团功能的相似性，运用村庄特色景观形态填补各区块之间的荒废区域，将乡村景观要素融入产业与居住空间之间，形成在现代产业与村庄住区之间的过渡区域，在提供生活休闲功能的同时，也对生产区具有提升效益的作用。

2. 空间功能的复合性

传统村庄景观的单一功能不能充分满足现阶段的使用需求，在当下村庄对文化产业、制造业、服务业等产业结构的引进的同时，催生对乡村景观的服务功能的新需求。面对更多元的使用群体和使用目的，景观功能的复合性需要对景观空间进行多功能设计，使场地能满足更多样的使用需求。

根据传统乡村景观具备的生产生活等基本功能要素，结合现阶段乡村功能转型的发展结构，针对生产生活功能复合性的优化设计，以当下乡村功能中娱乐休闲与生产劳作之间、现代产业与传统技艺之间两种主要的对应关系作为切入点，运用景观手段形成交织融合的关系，充分发挥空间的功能效益。

乡村景观在生活功能方面，由于村庄旅游观光价值的开发，以及乡村居民日益提升的生活水平，功能单一的自然农业景观功能逐渐不能满足大众的需要，追求更加具有生活品质的景观设施和休闲功能成为现代乡村景观重点关注的问题。农耕文化作为乡村区别于城市的重要特质，城市中各种娱乐休闲方式也是居民热爱生活的体现，在当前以"看得见山、望得见水、记得住乡愁"为理念的旅游型乡村模式的带动下，乡村景观迎来了更多城市居民的光顾。在如此趋势下，农业文化与城市娱乐文化之间，引发了对娱乐休闲与生产劳作的复合功能的需要，发挥乡村景观优化设计具备的自然文化和游憩功能的特性，对两种功能需求进行有效整合。

乡村的生产功能方面，受当前乡村传统工艺萎缩衰弱的影响，这些特色文化的空间载体也面临着逐年凋敝的趋势。但在现代产业文化的介入下，对乡村建筑进行旧物旧用的方式，如乡村旅游民宿、农耕用具博物馆、特色手工艺术馆等，均基于对原有功能的继承。在对建筑进行旧物新用的方式上，也可将原有生产建筑进行现代化改造，使之更适合现代产业的入驻使用，激活老建筑的生机。

3. 乡土特征的场所性

凯文·林奇（Kevin Lynch）在《城市意向》中指出，当人们处于一个具体的环境中时，会根据自己的经验和记忆对这个环境归纳出图像，形成对环境的感知——方向感和安全感。在乡村空间中，能够明显感受到地域特征的场所，具备了自然环境的特征。村庄中依山就势的建筑、道路、广场之中，也是蕴含了归属感和认同感的场所。在营造乡村场所方面，应从自然环境要素和人文环境要素中，提炼形态和风格的思路，保持乡村场所的田园风貌和环境氛围。

村庄场所中的自然环境要素包括了地形地貌、气候水文、生物土壤等组成元素，地域的不同也会使这些要素有不同的使用和组合方式，产生不同的乡土特征。例如，地处山地的徽州，在村落的选址上体现了"天人合一"的中国传统哲学思想和对大自然的向往与尊重，形成了徽州民居粉墙黛瓦的装饰色彩和天井院落的结构造型，在冬无严寒夏无酷暑的气候特征下，也孕育了徽州村落安定无争的生活状态。又如，江南水乡由于河湖交错、水网众多的自然特征，村落街巷布局与水网紧密结合，民居建筑也受雨量充沛的气候影响，通风效果优良的穿斗式构架和利于引水的飞檐屋顶形式应运而生。由此可知，不同乡土文化特征的村庄，在人们的生产生活中与自然环境产生亲密的联系，都对建筑形态和社交方式产生了重要的影响，形成了一种稳定的场所性特征。基于这些富有特色的乡村自然文化痕迹，现代乡村景观需要顺应村庄的建筑格局，承接自然形态，发挥乡村传统自然观的乡土价值。

地域特征的人文环境要素，既包含整体连贯的乡村风貌，也有统一的行为准则和风俗习惯，塑造了传统村落独特的场所魅力。例如，徽州宏村"枕高岗，面流水"和背山朝阳的风水格局，并且在建筑的布局、形式和装饰方面，也体现村民深谙与自然山水和谐相处的方法准则。除此之外，风俗习惯作为村民对自然的精神寄托，也是村庄人文自然的一种精神象征，凸显了村落乡土韵味的生活氛围。这些建筑特征和文化活动是乡土记忆和场所精神的重要载体，在具体的景观设计中，延续空间的原型特征，通过对乡村地域性建筑形制内涵的把握，在对传统特色的继承中，实现乡土特征的场所性设计。

（三）乡村景观优化设计策略

1.地域元素的应用理念

（1）保护

地域元素是乡土景观营造的符号与素材，对乡村整体景观特色化营造具有重要的作用。地域元素中的历史文化、民间习俗、手工艺、建筑文化、乡村植被、聚落文化等是一个地区经过长时间的历史发展而形成的，是生产要素、生活要素和生态要素的外在表现，具有一定的历史性和传承性。而在乡村的发展过程中，人们会根据不同历史阶段的需求影响来改变地域元素的内容和形式，从某些方面来说，地域元素是地方居民智慧的结晶。因此在乡村景观中，我们应该保护地域元素，从而传承和发展地域文脉，营造符合当地特色的乡土景观。

此外，在乡村景观营造时，既要保护好村落的自然水系肌理、街巷空间和当地的古树名木等乡土自然元素，又要考虑景观的实用性，遵循人性化的空间尺度，创造多功能空间，尊重村民的生活习惯，完善基础设施，提高乡村整体环境，从而营造一个具有亲切感的景观环境。例如，在乡村景观营造中，应该注意营造小型的景观节点，将每一个小型的景观节点进行贯通，将小型的景观空间扩大成一个大的具有亲和感的大空间，避免大型构筑物设计，多配合地域元素的应用增加文化性和艺术性。

（2）再现

地域元素的再现是指对乡村整体景观形态进行分析，在保护的基础上对地域元素进行模仿，通过模仿地域元素来再现乡土景观与营造乡土意境。在对地域元素进行再现时，避免呆板和生硬的模仿，如果一味机械地模仿某种乡土场景，不但不能取得理想的效果，还会造成乡土资源的浪费和自然环境的破坏。因此，再现乡土景观的前提，是要对地域元素的特点和属性进行深入了解，分析地域元素与乡村环境的本质联系，抓住要模仿对象的内涵。通过模仿地域元素可以激发我们的创造灵感，而通过这种创造灵感能再现有特色的乡村景观。

从某种意义上来说，乡村景观是乡村的一个展示面，可以向当地村民、外地游客展示本地的风土人情、乡村文化、植被状况等。所以再现地域元素，能够凸显当地特有的地域文化。可根据乡土人文性再现地域元素，其中乡土人文性是指要理解当地的地域文化和地域特色，而地域文化和地域特色又称为一个地区的历史人文背景。例如，在龙门古镇景观营造中，理解和提炼三国吴文化，发掘这个地区和三国文化相关的文化习俗，再现三国文化古村落。

因此，在乡村景观营造中，要能够准确地挖掘和提炼具有地域特色的风情、风俗，并恰到好处地表现在乡村景观设计中，再现乡土景观，既要与乡村的整体景观格局融合，不能显得突兀，又要延续具有地域特征的地域文化，塑造出独具特色的景观环境。

（3）活化

活化地域元素是指在保护和再现的前提下，通过科学的艺术手法和现代技术，把地域元素进行提炼和抽象化处理，创造出新的形式和景观符号，并把它融入景观设计中。随着大量新型材料的出现，我们可以把传统的乡土自然材料与现代的新工艺材料巧妙地结合起来，如石材与钢板的结合，木材与玻璃、金属等的搭配，其目的是更加凸显出浓厚的乡土氛围。

2. 地域元素的应用场所分析

（1）地域元素在村落格局的应用

①与村落空间肌理的关系

空间肌理是对空间构成要素的一种抽象性感知。乡村村落空间肌理是乡村内在系统和秩序形成的外在表现特征，它主要是指由乡村建筑物及在建筑物之间起到联系作用的空间，如民居建筑、祠堂建筑、街巷、广场、院落等围合而成的空间构成。与城市空间肌理相比，乡村空间肌理的形成具有自发组织发展特征，并在空间特征上呈现出明显的差异性。

乡村村落空间肌理受到了自上而下和自下而上的两大方面因素的影响。自上而下因素是指政治、经济、思想文化等，自下而上是指当地乡土建筑文化影响下的建筑单元空间形式、院落空间形式、建筑组团形式等。

而不同的村落，在不同的地域文化影响下，会呈现不同风格的村落空间肌理。例如，宗教信仰和宗法伦理制度对乡村社会生活、村民思想观念会产生一定的影响，不同的宗教信仰会导致村民形成不同价值观念。为了在精神上得到安慰和对"神灵"的尊敬，许多乡村地区都会建有寺庙、庵等建筑。此外，由于受到宗法伦理制度的影响，很多村落的中心都会建有宗祠，乡村民居以宗祠为核心往四周扩散，形成独具特色的肌理感。因此，在乡村景观营造中，只有在设计中深入分析和理解地域文化，才能有效地保护和延续乡村空间肌理。

②与村落空间尺度的关系

尺度是指物体比照参考标准或其他物体大小的尺寸，而空间尺度侧重于空间与空间构成要素的匹配关系，以及与人的观赏、使用等行为活动的生理适应关系，是人从心理和生理对周围环境的综合感知。它包括人与环境中的实体、实体所围合成的空间，以及实体和空间自身的比例尺度关系。

在乡村景观中，不同的场所空间中具有不同的空间尺度关系，有显高大挺拔、有显亲切宜人，如乡村广场、街巷、院落，经过长久的村落更新，它们之间形成一种和谐的空间尺度关系，演变成一种文化。例如，人们对古村落中的街巷及院落空间容易产生亲和感和归属感，就是因为他们之间存在和谐的比例关系。日本建筑师芦原义信《街道的美学》一书中，分析建筑物的高度与街道的宽度之间的比例关系，研究了不同尺度关系下人的心理变化。在乡村景观营造中，把握这种空间尺度关系对表达场所氛围具有重要意义。

③与村落空间界面的关系

空间界面是指空间和实体要素的交界面，而空间因为界面的限制和对比才有了活力。从界面的方向性上看，水平界面和垂直界面是乡村空间界面中两大界面，水平界面一般是由街巷、水系、道路等组成的，垂直界面一般是由建筑物外墙、建筑物的门面等组成的。在乡村景观的空间界面中，对地域元素的主要表达界面是乡土建筑和道路所组成的界面。建筑的门窗、装饰及道路的平面形式和铺装材料，不仅是地域元素的外在物质表现，同时也是人们对乡村景观产生整体印象的重要影响因素。

在乡村景观营造中，对村落空间界面的设计要在形式风格、细部装饰、材料等总体形态上保持统一，避免杂乱。同时要注重各个界面相互之间的过渡，而且要结合现代的技术和艺术手法体现出地方文化，以免过于单调沉闷。

（2）地域元素在乡村公共空间的应用

在乡村生活中，村民需要不同的活动场所和环境以满足生产、交流、休息等行为活动，这种场所不仅仅是一个明确的建筑或者空间，而且还应该具有某种精神文化内涵。乡村街巷、乡村广场、村口是常见的乡村活动空间，也是地域元素表达的重要场所。

①乡村街巷空间的营建

乡村街巷是构成乡村空间结构的基础，也是表达地域文化的重要场所，具有串联不同建筑空间的作用，可以使乡村成为一个完整的体验网络。与乡村庭院相比，乡村街巷的公共性和开放性更强，并且具有交通功能、商业功能和增加邻里之间交往的功能。不同功能的乡村街巷具有不同的空间性格，也展现着不同的地域元素。

与城市街巷相比，乡村街巷空间形态不但连续性强，而且更具有丰富的转折和变化，这不仅体现了乡村景观自发组织、非秩序化发展的特征，同时也创造了多样的景观视觉空间体验。在乡村景观营造中，不但要保护这种原有的乡村街巷空间形态，同时也要合理把握街道的尺度关系，保障交通流畅，从而避免对居民的生活和景观环境造成影响和破坏，形成一个具有围合感的空间氛围。街巷两旁设置不同的乡土景观小品和休息设施，通过各种地域元素的表达，为左邻右舍创造温馨亲切而又充满人情味的空间场所。

②乡村广场空间的营建

我国乡村地区长时间受小农经济的支配，呈现着男耕女织和自给自足的生活状态，加上封建宗法礼制的影响，使得传统文化具有内敛含蓄的特点，乡村公共生活未受到足够重视，因此传统村镇中作为公共活动空间的广场多为自发性形成，且严格意义上的广场并不多。

相比较城市广场，乡村广场在布局形式上、空间上和功能上都有着明显的差别。一般来说，城市广场布局形式相对丰富、空间类型多样，在功能上多以满足市民的休闲、交流等社交活动为主。而乡村广场布局相对紧凑、空间简单，一般是为服务村内公共建筑的外向延伸空间或是街巷局部扩大而形成的空间，如村内祠堂前的广场、街巷节点广场等。

乡村广场由于其常常是自发形成的，面积通常不大，边界相对来说比较模糊，外轮廓形态呈现不规则的几何形态，但是具有良好的比例关系，围合感较强。而对于乡村自身来说，广场也是展示地域文化的重要场所，在乡村广场中常常开展各种民俗旅游活动，游客和村民可以通过这种活动的熏陶在心理上形成稳固的文化景观形象。有时候乡村广场会成为人们放置农业作物，或者成为周边居民晒衣晾被的地方，这也不失为一种充满生活气息的乡村景观。在一些入口的广场中常布置牌坊和照壁等传统元素，表现出了地域文化特色。

乡村广场通常以铺装场地为主，单纯的硬质铺装常会显得单调乏味，可通过不同的乡土材料拼接转换或者使用乡土物件小品的装饰。例如，广场铺装由卵石、瓦片、老石板等不同材料的图案构成，形成寓意美好的图案，用以表达文化创意，形成不同的空间氛围。材料之间的空隙还有助于地面排水。调查发现，乡村旅游发展比较完善的地方，其铺装不仅精致和富有乡土气息，而且往往通过铺装形式组织游览路线。

③乡村村口景观营建

村口是每个村子景观的形象展示区，是人们进入村落的第一印象。作为乡村的门面，村口是乡村形象的重要标志，是乡村街道的起始点，是乡村与外界联系的重要场地。村口具有三方面的作用：其一是门户作用，即村口作为与外界关联的交通关卡，是进出乡村的必经之处；其二是象征作用，即村口的标志性景物凸显村口的重要地位；其三是文化作用，即村口景物往往蕴含深刻的历史文化内涵，是乡村具有代表性意义的节点空间。

在乡村景观规划设计中，村口景观往往是地域元素重要的表达的场所，是乡村文化、民俗风情的集中体现，通常由多种景观要素构成。首先，地形处理要呼应原地形特点，因地制宜地体现乡土风貌特色；铺装设计简洁大方，材质多选择以乡土材料为主；整体植物景观以村口树、风水林为主；建筑物主要为村门、寺庙、书院、牌坊、古亭、水桥等。其次，村口景观的主题立意要与传统文化相结合，应该成为乡村文化、民俗风情的集中体现场地。

村口景观可以通过各种乡土艺术化的景观小品的布置，如村口景墙、乡土主题雕塑，塑造具有乡土特色的村口景观形象，加深游客对村落整体文化的景观感知，有较强的视觉冲击力。乡村村口主要以广场式和道路入口式为主，广场式村口主要在视觉焦点上布置乡土主题化的景观小品，能够产生视线聚集的效果。道路式入口多沿道路边界布置乡土景观小品。

（3）地域元素在乡村庭院空间的应用

《玉篇》载，"庭者，堂前阶也""院者，周坦也"。庭院自古以来就是我国传统建筑中重要的一部分。乡村庭院一般是指由主体居住建筑（不包括主体建筑内的空间）与外围其他实体要素围合而成的空间，常见的实体要素有围墙、篱笆、毛石墙等。而庭院空间不仅是家人种植花草果蔬的地方，还是维系家人情感的重要场所，庭院景观是居住者的生活态度和审美思想的体现。因此，庭院往往不仅是一种围合，更是一种场所精神的空间形态，它是具有情感的，如在北方的传统乡村中，家中常种植槐树，槐树不仅是一种良好的建筑木材和中药，同时也是一种生命力的象征。而在南方地区，家中往往会种植桂花或者枇杷等。桂花代表的是吉祥、考试及第（折桂）的寓意，枇杷则是被人们称为"备四时之气"的佳果。

在乡村景观设计中，建筑物不同的排列和组合形式会形成不同性质的院落形式。庭院的内容是丰富多样的，配置乡村草花、乡土景墙、乡土装饰物件等具有地域文化内涵的景观小品，突出乡村庭院的乡土情怀和生态性，形成一个充满乡村生活气息的活动场所。庭院根据每个家庭的不同生活方式、不同的思想观念和不同的经济等条件所形成的空间往往具有不同的"气质"，而这种气质的营造就是对当地生活气息的表达，同时也是地域元素的一种应用体现。

3. 自然元素的应用手法

（1）组合材料，体现乡土心意

①乡土材料与新材料的创新组合

乡土材料有很多的种类，如竹木、砖瓦、生土等这些可循环利用的原生材料，在乡村景观应用时能够表达浓厚的乡土气息，同时也具有低碳环保的效果，但是在乡村景观营造上还是有其局限性，在某些方面无法体现时代的进步和满足现代人的审美需求。例如，广大乡村都大片种植的竹园，竹材料也成为比较容易获得的乡土材料之一，但是竹材料因为其质地和结构原因导致使用寿命有限，这就需要我们不断地改进其防腐技术和与其他现代材料搭配使用，做好现代材料和乡土材料的融合，让两种材料做到取长补短，可以既满足地域性文化景观的表现又能满足现代形式美。

②乡土材料色彩与纹理的搭配组合

人们对色彩变化的感知都会对心理或者生理上产生显著的影响，不同的色彩的变化能够引起人们情绪上的变化，如愉悦、难过、抑郁及暴躁等。乡土材料因材质的不同而具有不同的色调，如生土材料、竹木、河卵石，整体色调以暖色调为主，给人温暖和古朴的视觉感受，易于营造出具有厚重感和沧桑感的景观氛围。砖石、青瓦材料整体色调偏冷，与生土材料等暖色调搭配会形成较为强烈的对比。乡土材料的材质肌理也是丰富多样，不同的材料肌理，也会让人形成不同的情感体验，如夯土墙、草泥抹灰墙有着自己粗犷豪迈的特点，砖石材料因为不同的砌筑方式也会产生不同的纹理感，很多老石板因长时间的自然因素和人文因素的损坏而产生不同特点的肌理，呈现出浓厚的乡土气息。

因此，在乡村景观营造中，要考虑到乡土材料不同色调和质感及纹理的搭配，注意冷暖色调的对比和融合，这样营造出的景观才能成为真正赏心悦目的乡村景观。例如，在龙门古镇中，很多腌菜缸子被用作种植器皿，腌菜缸子整体色调较为稳重，与各种鲜花搭配，形成一种古朴和现代结合的视觉感受。

③相同乡土材料不同尺度的搭配与组合

乡土材料对尺度类型的应用，主要体现在材料的形状大小，在乡村景观营造中，材料带来的尺度感受，最重要的一点就是体现在道路铺装的材料尺度的选择控制上。

（2）引借乡土风貌，融入原生环境

在乡村景观规划设计之前，我们需要对现场进行调研和分析，收集相关地形地貌资料，并结合场地的地形图，从整体上把握整个村落的地形地貌特点，分析出场地的优劣势及附近有无水体可以利用，有无山体景观可以借景。结合场地整体光照和风向，布置不同性质的场所空间。作为景观设计师，我们应该利用原有的地貌特征，根据场地的设计思路，充分利用其景观优势进行适当的改造和整理，营造一个舒适宜人的乡村景观环境，满足村民对美好自然生态环境的心理追求。

①作为乡村景观的整体骨架

乡村地形地貌是构成乡村景观的基本骨架，从乡村景观整体上看，我们可以发现，很多村落整体的景观骨架是山、水、农田和建筑群落和道路。因乡村地形地貌不同，会形成不同形态特征的乡村景观，如以山水景观为主、以农田景观为主、以古村落景观为主等。因此，在乡村景观营造中，要尊重场地的自然地形地貌特征，并在此基础上构建出乡村景观的整体骨架，形成与当地地形地貌相融合的景观。

②划分功能分区和组织空间形式

平地、丘陵、山地、水系是常见的乡土地形地貌。这些地形地貌因为性质不同而具有不同的优劣势，在乡村景观营造时，我们要充分分析其地形优劣势，对于不好的一面做出调整，化劣势为优势，构建一个因地形地貌不同而性质不同的功能分区和空间形式，如常见的滨水景观区、茶山健康主题广场、山地登高望远区等。

一般来说，平地是指地形较为平坦或者没有大的地形起伏变化的区域，在乡村景观营造中，可以在此类地形上布置满足村民日常生活和集散活动的景观节点，如常见的乡村古树节点广场、村活动中心广场、停车场等。丘陵是指地形起伏较大、坡度较缓和的地区，在乡村景观中，丘陵景观具有较为丰富的空间层次，如丘陵茶山景观。在此区域，可以布置景观亭和茶山有氧步道，满足当地村民的生产生活需求和外来游客的观赏体验需求。水系不仅是万物的生命根源，它还能使景观变得更加生动、丰富，在乡村景观中，水系因结构特征不同而形成不同的景观形态，如溪流景观、水塘景观、河流景观、湖泊景观等。在乡村景观设计中，我们要充分利用乡村水系形态的自由性、岸线的曲折性和生境的丰富性，布置亲水平台，营造优美的水系景观。山地是高差相对较大的一种地形，在乡村山地景观营造中，充分利用地形的起伏变化，配合植物设计等因素，注重空间的开合层次，构建一个空间变化丰富的景观环境。例如，山顶观景平台的布置，能够满足居民日常活动对空间环境的不同需求。

③利用乡土地形地貌满足地表排水和改善乡村小气候

在景观设计时，我们通常都会遇到道路、广场、建筑等排水问题，排水设施是指在一个地区中将地表水（地表径流）或地下水任其自然或以人为方式排出的设施。在设计乡村景观时，要善于利用基地的地形地貌，避免对乡土地形地貌进行破坏，选择自然的地表排水方式进行景观排水。一般来说，乡土的地形地貌经过长时间的演变已经形成稳定的分水和汇水线，尽可能少的设置排水沟不仅能达到美观效果，同时也满足了生态经济性原则。如龙门古镇、荻浦村、郭洞村等，都会有一条完整的水系，水系从山里流下，然后经过每一户村民家，汇聚到村中心形成水塘，多余的水从水塘溢出并流向村外的水系。形成完整的排水系统，不仅能满足村民的生活和消防的需求，同时也能形成一道景观。

一般来说，小气候是由地形、水体、植被等因素产生。丰富的地貌地形能够改变风速风向、改善光照和阻隔噪声。在乡村景观设计时，依据当地的气候特点，充分利用地形地貌改善局部的小气候，营造一个夏季通风、冬季可以抵御寒风的居住环境，并布置多种景观建筑和休闲设施，形成景观节点。

（3）提取乡土色彩，体现场地文脉

色彩是生活的装饰物，能够美化人的生活环境，给居民创造一个多彩的生活环境，使居民的心情感到愉悦。将乡土色彩运用到乡村景观设计中，既能产生丰富的色彩体验，又能够体现地方特色。

①深入了解地域环境，提取乡土色彩

乡土色彩是人们对乡村整体景观形象上的一种感知，包含了乡土环境、传统民居、当地植被、景观小品和公共设施上一个整体的视觉感受，是千百年来气候、环境、文化所共同形成的适应本地自然环境、村民心理特征和生活期盼的原生态色彩偏好。在乡村景观营造之前，应当深入地域的整体环境、风貌和文化等，从而挖掘具有地域风格的乡土色彩。只有对原居住环境深刻理解，才容易提取出具有代表性的乡土色彩。

②有序组合色彩，突出乡土色彩的主导作用

在乡村景观设计时运用乡土色彩，应当把握整体色调，并且合理地结合其他乡土元素的运用，形成一个有机整体。在确定整体色调后，充分地突出乡土色彩的主导作用，营造具有地域特征的景观小品，使村民和外来游客感受到当地的乡土特色。

乡土色彩的整体基调是对乡土环境意象的整体把握，对于景观细节上的表现，应该合理地搭配乡土色彩。在整体以乡土色彩为主色调的基础上，可以适当增加其他色彩种类，并将其合理地进行搭配，打破相对单一的色彩氛围。

③符合村民的审美标准

乡村景观的观赏者，从整体上来说是以乡村居民为主，而乡村村民相较于城市居民，其文化水平、收入水平相对较低，年龄结构相对复杂，接受新事物的速度相对较慢。因此，在提取乡土色彩时，颜色的选择要相对简洁，不宜过于多变，颜色多变会让村民对营造的景观感觉陌生，缺乏亲和感。此外，相对简单、质朴的乡土色彩更易融于朴素的乡村环境。

（4）结合植物文化，精选村花、村树

①运用乡土植物创造意境

在我国传统植物文化中，常把植物进行人格化，植物被赋予独特的品格特征，人们把自己的情感追求寄托在植物上，达到一种托物言志的效果。例如，竹子因空心象征虚心好学的品质，有节象征着有节操；菊花历来是隐士的代表；兰花是君子的代表。在很多乡村景观调查中发现，很多村民喜欢在自家院子旁种植玉兰、海棠、迎春、牡丹、桂花，象征着"玉堂春富贵"。此外，在乡村，种植桃花代表着幸福和交好运，种植桑树、梓树寓意着对故乡的留恋。凡此种种，都表达了乡村植物的景观文化内涵，创造了乡土植物景观的意境美。因此，在乡村景观营造中把这种植物文化与所要设计的场地结合起来，赋予场地各种情感属性，创造具有一定乡土意境的景观。笔者调研的指南村，就是以植物文化为特色，造出"杜鹃花谷，红叶指南"的意境。

②结合诗歌、画理营建乡土植物景观

早在先秦时期，就出现了诗歌与植物景观的结合，如《诗经》就有大量关于植物的描述。《楚辞》中更是将各种香草花木比喻成人的高尚品质。孔子的《论语》、南宋陈景沂《全芳备祖》、明代王象晋的《群芳谱》，都将植物融入诗词典故，赋予植物特殊的精神内涵。清代曹雪芹在《红楼梦》更是将各种植物诗词应用到大观园中，处处都是根据诗歌取材的植物景观，起到点景的作用，如有凤来仪、怡红快绿、衡芷清芬等。显然，这种营造形式也可以应用到乡村景观营造中，利用关于描写茅草、稻田、菜地、茶园等有关诗句，结合茅草亭、木亭等，形成具有文化内涵的乡土景观。

③根据乡村文化和环境，精选村花、村果、村树

根据设计场所的历史文脉和自然环境、地域风俗等，选择与之相应的乡土树种和种植方式营造特色景观。精选出村花、村果、村树，达到一村一树、一村一花或者一村一果。常见的乡土观花树种有山茶、月季、杜鹃、桂花、玉兰、樱花等，常见的乡土观果树种有石榴、枇杷等。在杭州外桐坞村，由于历史的原因，种植了很多的石榴，而石榴也成为这里的村树，具有浓郁的地域特点。

4.地域文化元素的应用手法

乡村建筑文化、民间艺术、历史典故、风水文化等地域文化是乡村景观设计中常用的艺术语言，通过对这些元素的挖掘，能够营造出具有地域特色和符合村民审美需求的乡村景观。地域文化元素是一种精神文化形态，需要运用艺术语言将其物化成物质形态，形成一种景观符号，才能在景观环境中应用。

（1）挖掘地域文化，形成乡土符号

对于提取乡土符号的前提，应对该地区的地域文化有相当深刻的理解，深入了解地域文化后，才有可能提取出最具有代表性的乡土符号。元素形态的提取主要从"形""质""色""人""韵"这几个设计的基本层面进行分别提取并加以运用。将提取的元素图形化，即为提取的地域文化符号。

（2）简化和抽象乡土符号

将乡土符号运用到景观设计中时，应将乡土符号进行简化，提取该符号中最具有特色的形态，然后将其抽象化，运用点、线、面的艺术语言将它表现出来。其形成的图形，可以用来传达方案设计的整体思路，或将其运用到景观设计的某一个方面。乡土文化常见的抽象表达手法有陈列、集聚、夸张、引借、凝练、变异等。

屋顶形式的抽象提取：从建筑总体上来说，屋顶是乡土建筑最有特色的一部分，坡面和曲面都属于常见的乡土建筑屋面形式；可以通过对屋面的物质形态进行抽取、重组和变形，演化出多样的线条形式，作为一种景观元素应用到乡村景观的营造中。

墙体形式的抽象提取：马头墙、云墙是江南建筑中较为突出的墙体形式，在乡村景观营造中，我们可以将其形式简洁化，把马头墙的造型和色彩应用到景观构筑物中，形成一定的视觉冲击力。

门窗形式的抽象提取：门窗的应用可通过对传统造型进行模仿，也可以对门窗的形式进行抽象化，或者对门窗的纹理进行借鉴。例如，在乡村景墙中，乡土建筑门窗的形式和图案纹理经常应用到其中，形成对地域文化的传承和展示的景观载体，抽象化的门窗和纹理在乡村景墙上的应用，可以让景墙观赏界面更加丰富，富有乡村气息。

（3）运用景观载体表达地域文化

乡土符号运用到景观设计中，往往是以图形化的形式出现。景观设计中图形化的设计涉及范围较广，包含了景观整体结构设计、铺装拼花设计、植物设计、灯具设计、导视系统的设计等。我们应该将提取的乡土符号运用到乡村景观设计的方方面面，充分地展示地域文化。

随着景观设计的发展，人们对于地域文化的重视度逐渐提升，其兼具代表性的乡土符号在景观设计中随处可见。景观设计应当做到与时俱进，乡土符号也应当随着时代的发展而发展，运用新的艺术语言，展现其所具有的时代特征。选择合适的景观载体表达地域文化，常见的景观载体有景观雕塑、地面铺装、建筑物上的装饰、景观小品、景墙等。

第二节　基于地域文化的乡村生态景观建设

一、景观生态学概述

（一）景观生态学概述

景观及人类之间的相互作用与转化，运用生态系统原理和系统方法研究景观结构和功能、景观动态变化及相互作用机理，研究景观的美化格局、优化结构、合理利用和保护。人类之间的相互作用与转化，运用生态系统原理和系统方法研究景观结构和功能、景观动态变化及相互作用机理，研究景观的美化格局、优化结构、合理利用和保护。

（二）国内外景观生态学研究动态

1. 国外关于景观生态学的研究

景观生态学理论体系形成的来源是地理学中的景观与生物学中的生态学，研究的是支配一个区域不同地域单元的自然－生物综合体的相互关系。后来，经过特罗尔进一步研究，结合之前的内容提出了更深层次的解释，即景观生态学是对某一地段上生物群落与环境间主要的、综合的、因果关系的研究，这些研究可以从明确的分布组合（景观镶嵌、景观组合）和各种大小不同等级的自然区划表示出来。

景观生态学研究的是如何在保证自然系统自我有机更新的基础上，借助自然力，建立能在自然系统中进行生物间能量流动的循环系统。景观生态学的产生和发展经历了产生、形成和全面发展三个时期，分别是 1806—1939 年，这段时期属于产生阶段，这一阶段的特点是地理学的景观思想与生物学的生态思想是两个单独的理论体系，为景观生态学的诞生奠定了基础；1939—1981 年，这段时间是景观生态学的发展阶段，这一时期的特点是正式提出"景观生态学"这一概念，并在接下来的几十年内逐步发展、应用；1981 年至今，为景观生态学研究的全盛阶段，国际景观生态学会的成立，标志着景观生态学进入了蓬勃发展阶段，大量学术专著涌现，新技术的应用也受到了极大的关注。

19 世纪中叶，"自然地域综合体"是德国的地理学之父亚历山大·冯·洪堡（Alexander von Humboldt，以下简称"洪堡"）提出的景观代名词。洪堡是从地理事物发生学角度，将地理方面的类型综合划分得来的。后来，这一概念被运用到了生物和非生物方面地域间的差异和联系方面。生态学被初次定义是在 1866 年，德国动物形态学家恩斯特·海因里希·菲利普·奥古斯特·海克尔（Ernst Heinrich Philipp August Haeckel）定义生态学是研究生物与其环境相互作用的理论体系。随后，其他的生物学家把个体延伸至群落，定义生态学研究的是群落与环境的关系。在 20 世纪 30 年代，地理学和生物学从多个研究角度和独立发展的方向上，都得到一个共同的结论——自然现象是综合的。"生态系统"是在 1935 年由英国生态学家亚瑟·乔治·坦斯利（Arthur George Tansley）提出用来反映自然界生物和非生物之间具有不可切割的联系的。这为景观生态学的诞生埋下了伏笔。

德国著名的地植物学家特罗尔提出了"景观生态学"一词并认为其是一个综合研究的理论观点。"二战"以后，兴起了景观生态学研究热潮，原因是解决战后出现的生态环境破坏严重、人口锐减和粮食短缺等问题，希望通过景观生态学解决土地资源开发利用等方面的问题。进入 20 世纪 80 年代以后，"第一届国际景观生态学大会"和 1982 年"国际景观生态学协会"的成立，以及美国景观生态学派的崛起，让景观生态学实现了真正意义上的全球性研究热潮。在 20 世纪 90 年代，随着研究的深入和全球性的普及，景观生态学研究进入了一个蓬勃发展的时期。

而近些年来，随着对景观生态学的深入认识，学科研究领域间实现了学科交叉与融合，借助遥感、地理信息系统等技术的发展和利用，景观生态学有了更多新的发展方向，主要包括水域景观生态学、景观遗传学、多功能景观研究、景观综合模拟、景观生态学与可持续性科学等方面。

2. 国内关于景观生态学的研究

国内学者肖笃宁认为，景观生态学是研究景观空间结构与形态特征对生物活动与人类活动影响的学科。而根据叶建国的总结，景观生态学是研究景观单元的类型组成、空间格局及其与生态学过程相互作用的综合性学科。强调空间格局，生态学过程与尺度之间的相互作用是景观生态学研究的核心所在。

中国的景观生态学发展概括起来，可以划分为摸索酝酿、吸收与消化、实践与迅速发展、发展与创新四个阶段。1980年以前属于我国研究景观生态学的摸索酝酿阶段，在这段探索时间内研究的内容及特点主要是将苏联的景观生态学研究工作介绍到中国，并开始探讨景观生态学研究的核心、内容和方法。1980—1988年为吸收与消化阶段，在这一阶段主要介绍了国外景观生态学研究工作，以及景观生态学的概念、特点和学科体系，并逐渐厘清了景观生态学与相关学科的区别。1989—1999年这段时间是实践与迅速发展阶段，主要是对景观格局指数的分析和计算，研究典型地区不同时期是景观格局演变的特征，但对于景观格局演变的生态学意义缺乏深入研究，更多研究还属于跟踪性研究。尽管国内学者也相继出版了一些著作，但主要结合实例介绍景观生态学研究工作，在景观生态学理论和方法上缺乏系统性探讨。2000年至今为发展与创新阶段，紧密结合中国特色，从土地利用格局与生态过程及尺度效应、城市生态用地与景观安全格局构建、景观生态规划与自然保护区网络优化、森林景观演变与生态水文平衡过程、景观破碎化与遗传多样性保护、多水塘系统与湿地景观格局设计、稻鸭鱼农田景观与生态系统健康、梯田文化景观与多功能维持等方面展开了系统研究。同时，中国景观生态学研究在不断跟踪国际前沿的基础上，也逐渐形成了独具特色的研究领域，逐渐开拓出中国景观生态学的研究方向，如变化景观生态服务的权衡研究等。

21 世纪后，我国对于景观生态学的应用进入了一个新的阶段。针对中国快速城镇化进程中所产生的一系列的景观生态问题，一部分学者在景观生态规划领域进行了一系列的探索，尤其是城市的景观生态效应、城市热岛生态效应、城市绿地景观格局、城市土地利用及文化遗产保护、乡村景观评价、流域及大地景观规划，以及景观生态恢复和建设等方面，产生了大量的理论及实践成果。本书主要选取了一些具有阶段性突破的研究成果进行论述，主要有欧阳志云运用生态规划方法、地理信息技术和遥感数据，在分析北京市城市发展所面临的城市布局与生态环境问题，且在规划范围内土地利用和生态环境功能的基础上，探讨了北京市绿化隔离带功能，提出了北京市绿化带总体结构、景观格局与生态规划控制指标；彭建以深圳市为例，在分析城市景观基本特征的基础上，探讨了城市景观功能区域协调规划的基本思路；王云才以北京市郊区为例，在研究郊区景观利用与景观生态破坏和定量评价景观行为相容度的基础上，论述了都市郊区景观开发与游憩景观规划的规律、游憩景观区域规划和乡村游憩景观规划，并提出了建设北京市郊区完善的游憩景观体系和景观生态保护的具体措施；臧淑英从景观格局的角度定量刻画区域景观过程对土地利用变化的响应；刘滨谊运用景观规划学、景观地理学和景观生态学的综合观点，阐述了乡村景观的概念，探讨了乡村景观评价的理论基础，提出了乡村景观可居度、可达度、相容度、敏感度和美景度五度以人居环境为导向的乡村景观评价指标体系；张小飞等学者分析了台湾地区乌溪流域典型区的生态功能空间差异，进而基于最小积累耗费算法构建生态廊道，提出景观格局优化方案。

而在生物多样性保护方面，人类活动的影响、景观多样性和物种保护是研究的重点，中国学者运用景观生态学的原理和方法，从区域物种保护的角度做了许多积极的探索性研究。

（三）景观生态学原理

整体论和系统理论是景观生态学研究对象、内容、目标时所必不可少的两大理论基础。整体论思想说明的是地表因素可以看成是由不同等级系列的整体所组成，每个整体是内部事物互相作用形成的相对稳定的集合。通过内部的自身调节使系统处于动态平衡之中，我们称它为内稳态。要想清楚知道内稳态机制，我们需要研究区域内地表所有因素间的联系方式和原理。

景观生态学原理能反映出区域内景观生态系统中生物活动的平衡点。通俗来讲，景观生态学研究的就是整个地表因素划分出的每个系统内部、系统与系统之间的相互关系，它们之间调节的平衡机制。从这一系列的研究总结出了七个景观生态学原理。

1. 景观结构和功能原理

景观的空间结构在一定程度上决定其内部功能，而结构的形成和发展又受到功能的影响。景观结构和功能与景观尺度有直接的关系，景观生态学里的生态系统是由斑块、廊道、基质构成的。景观生态元素在景观生态环境中的分布形成了一个区域内的景观结构，而不同的景观结构形成了每个景观结构所特有的景观的异质性。数目、形状、大小、物种不同的斑块和廊道构成了不同的景观结构并且各自具有不同的景观功能，而且斑块与廊道在时间的推移中是反复变化的。

2. 多样性原理

景观多样性是描述景观中嵌块体复杂性的指标，它包括斑块多样性、类型多样性和格局多样性。景观生态环境中物种多样性使生境中的物质化丰富，有助于维持生境的稳定性和安全性，同时物种的多样性也增加了边缘物种的丰度，这样在物质间能量流动中更容易找到突破口。物种丰度对生态结构中的斑块、廊道物质能量流动有益，并且物种的丰度决定了生态环境的抗干扰能力，丰度越高则越能够维持生境的安全性，生境稳定性越高，越有利于生态环境的可持续发展。

3. 物种流动原理

物种流动原理主要是景观生态系统借助景观结构和物种间能量、物质流动来调节生态系统内部的通道能量流动。当景观生态结构元素斑块、廊道被外来物种侵入时，在景观生态元素内部会形成干扰区。干扰区的环境是否适宜传播物种的生存决定了干扰区敏感物种能否生存。干扰区的适宜传播物种生存，则敏感物种就会减少；干扰区不适宜传播物种生存，则敏感物种不会被影响，传播物种难以生存。

4. 养分再分配原理

矿质养分在生态系统中通过风、水及动物在景观中进出，实现了矿质养分在不同生态系统中进行重新分配。

5. 能量流动原理

生态系统中能量的流动与景观斑块的形状息息相关，斑块中物质差异越大则能量流动得越多，斑块形状影响斑块的周长，斑块的周长也会对能量的流动造成影响，斑块的周长越长，斑块内物质与外界的接触点越多，物种间的能量流动的出口越多，与外界进行能量、物质交换越容易。

6. 景观变化原理

适度的自然、人工干扰可在景观生态结构中建立更多的斑块或廊道，斑块内部的物种差异为斑块赋予了异质性。斑块异质性的主要功能是当景观生态结构面对外界干扰时与外界干扰相互作用，当无干扰时，景观内部趋于均质性；强烈干扰具有两面性，在自身物种对抗外界侵入的干扰物种时，可增加亦可减少生态元素内的物种，从而影响异质性。

7. 景观稳定性原理

景观的稳定性主要体现在景观要素的抗干扰能力和景观要素在被干扰后自身的恢复能力。从景观要素来说可分为三种情况：第一，景观中没有生物的情况下，该系统的物理特性会很容易因为外界作用的影响被改变，同时也不具备生物学层面的稳定；第二，景观在群落演替的初期，景观中的部分生物量较小，导致系统的抗干扰能力弱，但因其量小，物质能量转移灵活，所以恢复力也较强；第三，景观在群落演替的后期，景观中的生物处于稳定阶段，系统的抗干扰能力强，但因其量大，一旦抵抗不了外界的干扰便很难恢复过来。

（四）景观生态学研究的对象和内容

景观生态学的研究对象和内容可概括为三个基本方面。

景观结构：景观组成单元的类型、多样性及其空间关系。例如，景观中不同生态系统（土地利用类型）的面积、形状和丰富度，它们的空间格局及能量、物质和生物体的空间分布等，均属于景观结构特征。

景观功能：景观结构与生态学过程的相互作用或景观结构单元之间的相互作用。这些作用主要显示在能量、物质和生物有机体在景观镶嵌体中的运动过程中。

景观动态：景观在结构和功能方面随时间的变化。具体地讲，即包括景观结构单元的组成成分、多样性、形状和空间格局的变化，以及由此产生的能量、物质和生物在分布与运动方面的差异。

二、乡村生态景观的意义

（一）创造独特的乡村景观

自古就有大量诗人描述乡村的安逸生活景象，如马致远在《天净沙·秋思》里面写道："小桥流水人家。"短短六个字就勾画出一幅幽静、安逸的田园风景，这种平淡、简单而朴实的生活环境，正是我们每一个人的灵魂深处对原始自然山和水的渴望，也正是视觉生态设计所追求的生活环境。

乡村视觉环境空间需要通过建设合理的生态防护林、提供动物栖息和迁徙的生态廊道、规划水的循环、植物的合理变化配置等措施创造出诗意画面和诗意生活，将自然生态的作用展现出来，让人们由内到外地感受、感知和感触自然与规划景观的和谐统一，对景观的形状、结构、色彩和空间关系进行感官赏析，并借此激发自己与自然的天然感情，唤醒敏感的感官触觉，感受如诗如画的乡村视觉生态景观。

（二）提供宜人的生活空间

乡村视觉生态景观不仅为人们提供适宜的生存环境，而且会提供让人们休闲的活动的空间，人们可以通过这些活动空间置身到自然之中，与自然生态融为一体，感受生态景观的怡人效果，从而满足人们对生活品质的需求。

在乡村生态景观中通过互相连通的活动场地，把各个单独孤立的景观衔接起来，让游人能够置身其中相互观赏与互动，使得乡村景观更加整体统一。景观内通过多功能的生态活动场地设计与建设，对原有活动空间进行维护和改造，满足人们日常生活的娱乐活动空间需求。另外，规划绿色交通路线和生态旅游路径，以此来丰富人们的活动区域范围，使得乡村生态活动空间更好地服务村民。

（三）发掘乡村的人文内涵

乡村的自然山水风景是历史长期演变的产物，而山水间的足迹则是人类的历史，在这片区域的山水风景中能感受到该区域的人文历史，古代就有文人墨客感叹："看山如观画，游山如读史。"同样在乡村中长年累月的人文活动，在山水自然环境中留下了足迹，许多自然环境足迹中暗暗埋藏着一段段民间的历史。这民间历史就是乡村文化特色的重要组成部分，考察当地自然环境与人类活动足迹的关系就显得尤为重要，通过这些山水、地貌特征等自然环境中的人类足迹，可以发掘不同区域的特色。

在当代每个人的灵魂深处都有一个故乡，这故乡就是那遥远的乡村，它是许多人自小长大的地方，它不仅养育了人们，而且它的人文内涵从出生开始就深深地影响着人们，这种影响悄然无息的伴随着人们成长，使得不同地方的人们带有显著的区域文化特色，从人们的一言一行中就透露着各个地方的文化特征。故乡的人文历史就是在这片区域生活的人们的精神、灵魂所在，是人们归属感所在，是不同区域文化内涵的特征所在。

乡村人文历史的挖掘，是要整理与归纳乡村的传说与历史，这种民间的传说是典型的历史艺术化，在前期考察过程中须多向乡村里的老前辈请教当地传说与历史，认真研究这些传说与历史，总结当地特有的文化资源，选出经典元素作为设计素材，从原有古老建筑风貌中吸取精华，从废弃建筑材料中回收物料进行再利用，对有特色的废弃设施进行景观改造，使其得到再利用，从此唤醒村落的历史文化，让人们再次领略到乡村丰厚的人文底蕴。

（四）规划设计自然环境的生态效应

乡村当地自然环境很好地反映了区域地貌特征，而且大部分是原生态的自然资源，在乡村景观设计中，应该给予充分的保护和利用。景观的布局与设计应很好地与当地自然景观充分融合，不仅在视觉上达到有亮点而又统一的效果，而且最重要的是与当地自然景观一同发挥有利的生态效应，对当地生态圈是一种完善和补充，更加有利于保持生态平衡，打造一个宜人的居住环境。

乡村当地自然生态环境的保护和利用的规划设计理念要始终贯穿整个设计过程，分析利用景观的生态环境效应，合理规划乡村的空间功能分区，这对乡村的可持续发展等都有着非常重要的现实实践意义。

宜人的乡村景观生态能够将人们带入一种置身在自然与传统历史景观中的梦幻般的体验，所以在规划设计乡村景观的过程中，要与乡村当地自然景观协调好，达到自然地貌、区域人文、生产生活等要素的和谐统一，使新旧景观得以融合、共同作用，使得乡村景观更好地服务于人们，从而达到视觉环境平衡和可持续发展。

（五）继承与发扬乡村传统人文内涵

乡村景观视觉生态设计把乡村的整体形象很好地展现出来，让人们更加直观地了解乡村的人文内涵、特点特色等，运用现代化技术与手段打造全新的乡村人文景观，来诠释和再现传统文化的精神内涵，将乡村的传统文化、特色景观等推销到现代市场经济中，使之重新得到人们的认可，打破了以往传统的封闭式经济。

当代我国乡村对传统人文内涵的发扬，能够将杂乱的乡村人文环境层次化、条理化和简洁化，是一次系统的归纳和整理。当前，我国处于乡村现代化进程中，传统人文内涵就显得更加重要，这种优秀的传统文化能够提升村民的思想境界，整体改善乡村的劳动生产水平，提高经济效益，促进经济发展，完善乡村的文化建设，突出乡村的人文内涵，将一个有地域特色的乡村人文环境展现给人们。

（六）人与自然环境协调的视觉环境

乡村视觉生态设计是现代乡村景观建设的一种迫切的诉求，视觉生态观不仅反映乡村的文明程度与管理水平，还能够提高乡村空间利用率和合理性，改善乡村的自然环境与人的关系。

在乡村景观中，人是最基本的主体，为此构建一个优美宜人的生活环境是乡村景观设计的本质要求。乡村环境景观规划设计要以人为本，在不破坏环境的前提下，一切以服务于人要求来设计，以人的真实触觉和感知来指导乡村景观的设计，以乡村独特的人文内涵来塑造整体景观的形象，以人的乡土情怀为立脚点，感知人与自然乡村景观及人工景观的相互依存的关系。

通过对当地乡村的人文内涵、历史事件、特色产业、基础设施等方面进行的归纳与总结，结合当地自然景观与地貌特征等，在本区域的生态系统基础上，做好乡村景观的调查研究、规划设计等工作，规划设计出一种人与自然和谐相处的视觉生态景观，改善当地的生产生活水平，使得社会文化环境等方面得到全面优化，从视觉生态观角度将人与自然协调的乡村景观环境展现给人们。

三、乡村生态景观设计的应用路径

（一）乡村风貌的整体定位与把握

在乡村景观建设中，关于如何打造视觉生态景观，首要问题就是要建设一个什么样的乡村，这是对乡村景观的整体形象的定位。在现代的景观设计中，不再是指单调的一片绿地或者单纯的绿化带，应该在整体上与周边生态环境结合与互补，以视觉生态设计的观点塑造可以代表乡村品位和形象的景观环境，并具有本村人文历史独特性的自然和谐与轻松的乡村休闲空间。

在对乡村景观整体定位与把握上，首先对古村落的传统文化及当地自然生态环境进行客观详细的调研，从当地人文风貌中得到启示，运用生态学原理，做好前期的考察总结，找出不同地域乡村的特色与个性，以这些人文地理特点对乡村进行视觉环境再塑造，把握好整体的定位与风貌的大方向，再以人和自然之间和谐共处的关系为切入点来指导规划设计工作，为乡村人民提供宜人的生活环境。

（二）人文自然景观的保护性规划

在乡村景观规划设计过程中，应该结合当地的人文现状与自然环境来进行规划，这样才能符合当地人的生活习性，大多数乡村还依旧保留着大量古建筑，这些古代建筑是极具历史意义的。然而，它们中的大多数基本上已经被废弃，由于年代久远，破损也比较严重，对这些古建筑的保护、修复和利用就显得尤为重要，因为这些古建筑能够体现出本乡村的文化与历史。对于这些古建筑的利用来说，如果还有功能性的就继续让其发挥作用，已经失去功能性的可以当作历史文化景点来展示。对于现状地形和自然景观的结合来说，如现状水塘与丘陵及树林的改造与利用，对当地特有原材料的运用和对现状自然景观的尊重等。在规划设计时结合地形特点来规划，尽可能在当地自然生态基础上进行再设计，具体操作时多运用当地特有技术与材料，这样不仅降低了建造成本，更保护了当地的自然环境。

分析与结合现状的途径是能够充分利用地方性的自然元素和人文元素等，目的是体现出地方性的特点特色。每一个村落都有自己独到的文化与历史，在景观规划设计中如何展现出每个村落的不同之处，这就需要我们在规划设计过程中合理结合当地人文景观的现状，在这基础之上规划出宜人的景观。

（三）乡村区域景观的整体规划

乡村区域景观空间首先是一个大的整体，这个整体就是一个小型生态圈，其中各个区域之间相互关联，又彼此相互影响，把这些空间之间的关系处理得当，就能发挥景观的生态作用，就能够更好地服务于人，为人类提供一个好的生存环境，这就是我们共同的愿望。

在规划设计中强调各个区域景观的相互关联，更多地关注当地区域与周边地区的融合、衔接，注重乡村各向的视廊、河道、道路衔接，带动区域的景观和生态面貌的提升。

（四）景观规划设计的生态观念

在乡村的建设与发展过程中，由于缺乏相应的生态理论，引发了一系列的生态危机，保护生态环境与走可持续发展之路只是个美好的口号，这从本质根源上是人类以自我为中心的价值观念和行为方式造成的文化危机。为了避免当前的危机，就要把生态观融入规划设计中来，以生态观来主导我们的景观设计。

生态观念就是要避免或减少对生态的破坏与影响，提高对可再生能源的利用率，在景观的设计上追求高效无污染原则，从源头上降低建筑对非可再生的物质与能量的浪费，从而高效地利用能源。在设计中应先研究景观所在区域的自然气候特点，充分利用当地的阳光、风能、雨水、地热等可再生的自然能源，再对景观进行合理的规划设计，尽可能地利用自然的采光、通风与减湿等手段，实现充分利用自然资源，减少资源的浪费，实现生态平衡。

景观规划要实现生态功能，必须与当地自然环境相辅相成，为在此居住的人们提供一个好的生活生产环境。规划的景观要对环境已破坏的地方进行绿色缝合和生态防护，完成集水源涵养、生态迁徙、门户展示、参与活动、公共设施完善、乡村个性化夜景等多元功能于一体的综合性景观规划。

第三节　基于地域文化的古村落景观保护

一、古村落景观基本概述

（一）基本概念

"古村落"从字义上理解就是有一定历史的村落。在中国古代，村落是人民居住、生产、生活的主要场所，也为各种文化传承提供了物质载体。早期的学者研究认为，古村落几乎是等同于历史文化村落的，古村落最初的形式是人们以一个集体为单位，聚居在一起生产生活和繁衍后代，一直呈演变发展的趋势。古村落从其文化性上看，可以被定义为从古延续到现今，拥有丰富的物质和非物质文化遗产，拥有较完整文化传承的村落。古村落拥有着悠久的历史，保存有丰富的地域文化，是深入了解该地区历史文化的窗口，具有较高的研究价值。

古村落景观主要侧重于对人文景观的表达，它不仅是一般风景的观念，而且更注重深刻的文化内涵和文化意义，它是某一区域内人为创造的文化空间，是人类文化思想的表达。古村落具体景观包括建筑、街巷、活动在其中的原住民，以及所有物象东西所反映出的无形景观，如地域色彩、传统文化、风俗习惯等。具体来说，古村落景观是拥有较长历史，在一定历史时期、自然环境条件和历史背景下逐渐发展形成的。注重与自身当地环境的融合，形成较完整的住宅建筑与自然环境和谐共生的村落体系，是特定地区一定时期人类的生存生产状况和经济制度、生产力与生产关系等现实状况的真实反映，反映了这一地区的历史、传统习俗等深刻的文化意蕴。古村落景观还包括保存良好的历史文化风貌、保存完善的大量丰富古文物、历史古迹、特色历史建筑和浓厚深远的民族特色文化。

（二）古村落景观的构成要素和特征

1.古村落景观的构成要素

古村落一般距离城市比较远，所以古村落有着得天独厚的自然环境，大多数古村落都是由传统聚落演变、进化而形成的，蕴含着丰富的历史文化和哲学思想。经过长久的发展，村落建筑形态、村落外部空间环境，以及村落里人们的生产生活方式、传统风俗等一系列，都成为古村落景观的重要组成元素。古村落景观是古村落及其周边空间内各要素和空间体系的统一综合体，主要包括自然环境景观、人文景观、社会景观。

（1）自然景观

自然景观是构成古村落景观的最基本的元素。自然环境景观是由地貌、气候、降水、动植物、风霜雨雪、山水等构成的景观。古村落在选择地址时对自然环境的要求很高，通常会选择依山傍水的地方，要拥有得天独厚的自然景观环境，注重生态平衡，追求"天人合一"的境界，一般会选择以山河作为人们的自然保护屏障，以便于能很好地生存和繁衍后代。自然环境为古村落的形成奠定了物质基础，也为古村落延续和传承提供了相对稳定的外部环境。构成古村落立体构架的主要元素是自然的山和水，也在一定程度上决定了整个村落的大体样子和状态。这一自然条件对于古村落的演变与成长有着重要作用，也是增强古村落旺盛生命力的重要保证。

（2）人文景观

人文景观是古村落景观的重要组成要素。古村落人文景观包括古民居、道路布局、历史文物、桥、祠堂、寺庙、古树、古井等物质文化遗产，也包括蕴含各类民风民俗、传统节日、宗教信仰、传统技术与手艺、神话传说等非物质文化遗产，是物质文化和非物质文化遗产的结合，是古村落的"根基"。人文景观为研究该地区历史文化提供重要依据，具有历史性意义，是研究古村落景观的珍贵资源，也是支撑整个古村落景观的重要架构与支柱。人文景观赋予了古村落绚烂多彩的村落文明，承载着丰富的历史遗产，使古村落景观有了值得去探索流连的观赏性和主题性。

（3）社会景观

由社会和人组成的社会景观，是以人及其活动为中心的社会景象，社会景观以它特有的丰富内涵和特点，彰显其艺术审美价值与本质。在一定层面上说，浓郁的地域特色风俗也是人们一种追求自然的心灵寄托，是万物众生的安身立命之所、发展繁荣之基。村落的社会景观反映了该地区的发展演变，也与传统社会的各种现象、思想文化、传统社会制度和经济情况等有着密切联系。

社会景观主要归纳为两方面观点：一方面，社会景观最重要的组成部分是该地区具有浓厚地域特色的风俗旅游资源；另一方面，风俗特色旅游资源和现代旅游资源组成社会景观，其内容主要包括人类活动、衣食住行、文娱及人们之间的沟通等，有着聚集群居、传承历史文化与演变、相互沟通等特征。

2. 古村落景观的特征

古村落景观的基本特征是自然环境、民居建筑、构筑物、道路系统等形式、材料及色彩的综合性反映。古村落的景观特征主要表现在图形性、连续性、轮廓性三个方面。

（1）古村落景观具有图形性

影响古村落景观形成的因素有很多，视觉因素是比较重要的因素之一。我们要综合考虑地理环境、气候降水、历史文化、民族风情等因素，但决不可忽视视觉效果。无论是古村落建筑群外部空间环境，还是庭院式的建筑组群规划布局，都显现出一种有规律的图形性质。我们可充分利用村落的形状、色彩、位置、空间、体量及光线阴影等，使用这些因素来创造富有层次感的建筑景观环境。以格式塔心理学家埃德加·鲁宾（Edgar Rubin）著名的"鲁宾杯图"为例，同一个图看上去既是酒杯又是两个面对面的人头部侧影，向我们呈现了图底之间互换关系。在古村落景观中如果建筑群是图形，外部空间环境就是背景；反之，将建筑群作为背景的话，外部空间环境则是图形。

古村落景观主要以具有传统特色的建筑群体所构成的景观外部环境氛围为主体，将建筑组群的形式美与外部空间景观环境的优越氛围展现得淋漓尽致，形成极具地域特色的村落景观图形，让人被其悠远深长的景观氛围所感动，古村落景观空间的层次性是由古村落景观连续性的存在而产生的。古村落景观的连续性也表现在方向和形式上。连续性是人们在村落空间环境里生产生活过程中的感知需要，与此同时扩展并构成空间的意义，将建筑组群之间组成相互关联的系列。

从景观方面来讲，戈登·卡伦（Gordon Culien）的《城市景观》中说道："孤立的一幢建筑只能是一件建筑作品，只要将建筑放在一起组成群体，就具有了景观的性质，使人获得一种艺术的感受，群体建筑给予人的体验是单个建筑所无法做到的。"徽州民居是徽州文化的重要组成部分，除了其特有的建筑风格充分体现了浓郁的地方特色，其最具吸引力的地方是徽派建筑群体外部空间环境所构成的景观给人们带来的直观感受。古村落景观就是其各个要素通过一定的关系演变而成，所形成的景观像是一幅连续的画面。

（2）古村落景观具有轮廓性

古村落的空间感应图像轮廓是以天空为背景在垂直界面空间所呈现出来的图形。我们看一个古村落，首先看整体轮廓和外部界面，看村口的局部情境，看标志建筑，看节点空间或内部某个界面，看特色小巷，看特色院落，看装饰细节等。古村落的轮廓性具有不容易发现或发掘的潜在艺术形象，它之所以有吸引人的力量，是因为建筑顶部空间和谐共融所赋予的节奏感和韵律感。

二、地域文化与古村落景观的认知

（一）地域文化与古村落景观的关系

1.古村落景观反映地域文化

（1）地域文化塑造古村落景观

地域文化是古村落的灵魂，是保持古村落长久不衰的动力。古村落景观是地域文化的载体。地域文化作为形而上的范畴，已渗入人们生产生活的方方面面，引导并支配着人们的思想和行为。而村落作为人们赖以生存的物质空间环境，要同时满足人们对物质和精神层面的需求，精神层面的存在不是孤立和绝对自由的，它要从属于整个社会的思想意识。在村落系统的演变进化中，其生态系统、经济系统、社会文化系统和村落及建筑形态系统是相互制约、相互依存、共同发展的。研究地域文化的目的并不只是历史的继承与发展，还是通过对地域文化的发掘与探索进行能够经受历史考验的创造，让古村落景观更具地域性。地域文化与古村落景观之间是神与形的关系，有什么样的地域文化就会形成什么样的村落景观，古村落在某些方面总能成为一个区域范围内文化底蕴最深厚的场所，而古村落景观正是这一文化特征的外在表现。

（2）古村落景观的发展反作用于地域文化

"城市是文化的载体，文化是城市的内容和形式。"村落与自然环境和谐共生，人们聚族而居，继承和创造了丰富的村落文明，使得古村落成为历史文化遗产的载体。王云才认为，中国古村落是历史文化的积淀和人地作用关系的综合体现，包含着深刻的文化内涵。

古村落在长期的发展中，不断重复着"适应自然—改造自然—与自然和谐发展"的无限循环，英国学者布莱恩·劳森（Bryan Lawson）在《空间的语言》一书中提出："无论在世界上的任何地方，只要有人聚居，你就能发现使用空间的支配规则。这些规则中的一部分，可能纯粹只和当地的社会习俗相关，但更多地既反映了我们心里最深层次的需要，又反映了人类的特点。"人们追求居住空间环境、自然环境和谐统一的原则，村落在选址时也是依山傍水而居，顺着山的走势，依傍利用河流，将自然环境提供的各种条件充分利用，自然而然地形成一种与自然环境相互依存又相互制约的平衡关系，在这基础上又衍生出独具特色的人文现象，也就造就了具有浓郁地方特色的古村落。

因此，古村落景观的形成不仅要满足人的自然属性，而且为人们的生产生活方式提供和谐的架构，人的社会属性也得到呈现。总体来讲，古村落在发展演变中，各种内在与外在影响因素的变化，都会在古村落的形态、空间结构、功能分区、交通系统等各种形态问题上反映出来。在历史发展进程中，政治经济对古村落景观的影响就很深远，无论是受何种政治经济影响，人们心目中所追求的古村落景观是受到各方面的文化价值观所决定的。

2.地域文化对古村落景观的价值

（1）提升古村落景观文化内涵

一个有文化内涵的村落景观不只由历史建筑与自然环境等简单构成，它是一个完整的整体，是有着鲜活生命力的，所以缺失了地域文化的古村落景观是乏味单调的。将独具特色的地域文化融入古村落景观中，就赋予了古村落核心生命力和灵魂，反映了其历史与文化的脉络，让其更具有神秘感和立体感。

（2）延续古村落历史文脉

中华文化博大精深，各种绚烂多姿的文化共存。对于古村落的保护和开发，我们将地域性文化元素融入，这也是对历史传统文化的凝结与升华。古村落拥有悠久的历史，受不同因素的影响，各个地域有自己的特色民俗文化。把这种特有的民俗文化保护好并利用在古村落的开发和保护上，才能最大限度地将古村落的人文环境和氛围呈现出来。融入地域文化的古村落景观设计是对该村落历史文化的延续，在规划设计中要有创新，符合时代的发展。只有这样，古村落才能将历史文脉很好地继承和延续，并将其很好地保存和传承下去。

（二）基于地域文化的古村落景观规划原则

基于地域性文化的古村落景观规划原则可以分为文化传承原则、生态平衡性原则、时代性原则、可持续性原则等几个方面。

1.文化传承性原则

一个村落景观的每一种表现形态都反映了该地区的人们的生存生活状态、审美价值及最基本的精神追求。中国传统文化博大精深，对一个村落的发展和演变有着潜移默化的影响，也影响着随着时代的发展不断变化的古村落景观。我们在对一个古村落的景观进行规划设计时，也应该特别注意结合该地区比较有特色的历史文化，将该村落的周边地区发展历史和所处城市的历史文脉巧妙融入，使得具有地域性的古村落景观将该地区的历史文脉持续传承下去，从而塑造出具有浓郁特色的村落形象与古村落景观环境，营造出一种空间环境与历史文化价值相互繁荣融合的氛围。在古村落景观规划设计中只有充分了解该地区的历史和文化，并将其最大限度地融入设计中，才能使得古村落景观更具有文化内涵和欣赏价值。

2. 生态平衡性原则

古村落最为明显的特征就是与自然环境和谐相融，紧依山水而建向我们呈现了一个美好且极具韵味的村落景观。人们对于这种大自然的恩赐更是充满敬畏与感激，形成了一种敬畏自然、尊重自然的传统思想。我们在古村落的景观规划中更要保持整个村落景观的原生态性，要保持和维护村落自然原始的乡土建筑和自然环境，保护古村落景观环境的完整性和稳定性。应积极避免村落景观环境被过度开发和利用，避免生态环境系统遭到严重破坏和退化，导致景观整体性减弱。我们在对古村落的保护性开发中要建立健全生态结构，创造适宜的自然生存环境。所以，我们要确保整个村落景观的生态平衡性，充分利用丰富的自然资源，以人为本，因地制宜，为古村落里的人们创造出一个舒适的生态平衡环境，让古村落更好地生存发展下去。

3. 时代性原则

地域文化的形成经历了漫长的演变过程，地域文化会伴随着时间与空间的变化而进化演变。地域文化需要人们用发展的角度来审视看待，特别是在地域性的古村落景观规划中更要注重对地域文化的选择，在设计中对具有特色的传统文化不能只是简单地模仿与再现，要适应时代的发展。人们还需要对所研究地区的地域文化做一个系统的梳理，进行深入探索挖掘，选择最具特色、最适应时代发展的特色文化，充分体现对新的地域文化的探索和追求。

4. 可持续性原则

可持续发展是古村落自身发展的需要，可持续发展原则也是景观规划设计中相对比较重要的原则。生态环境是古村落基本物质条件，也是古村落景观中最为重要的构成元素。因此，对于村落周围的自然生态环境需要更加重视并加以保护。

而对于可持续发展的景观规划设计方法，应该通过对当地生态环境的调查评估，制定出适合本地生态环境的保护方案与措施，从而避免一些人为的不适当的开发和过度破坏。将得天独厚的自然生态环境，遵循自然发展规律运用到空间环境中去，使村落景观这个有机整体更具有活力和生命力，实现古村落景观资源的可持续利用。

三、地域文化在古村落景观中的表达

（一）地域文化在古村落景观中的表达载体

地域文化在古村落景观中的表达载体根据要素的物质属性分为物质文化景观表达载体和非物质文化景观表达载体。物质文化景观表达载体和非物质文化景观表达载体两者互相配合、互相辅助，作为古村落景观的表达载体共同将地域文化完美呈现。

1.物质文化景观表达载体

物质文化景观载体是指通过形态、材质、色彩等表现出来可以更加明确直观地反映该地区的历史文化与形态。古村落中的民居建筑、街巷布局、水体景观、村口广场等都是重要的物质文化景观表达载体。

（1）民居建筑

古村落反映着历史文化的延续和发展，不同类型的景观建筑反映的是古村落的外部特征，但同时古村落景观建筑当中也包含了对各地域历史和文化的寄托和表达，不同的地域文化会创造出不同的建筑风貌。传统民居是人们生存智慧、建造技艺和审美情趣等文明成果最丰富多彩的物质载体，因地理环境、气候条件、民俗文化等多方面条件的差异，形成了丰富多彩的建筑形式和类型，如广东开平碉楼、福建客家土楼、陕北的窑洞、皖南民居的马头墙、土家族吊脚楼、山西晋中窄院等。

（2）街巷布局

古村落中街巷的形成是人们为了使交往更加方便，就在交通要道周围建造起了房屋。巷相对于街来说是一个更狭窄、封闭的空间。"深弄窄巷"就是对巷这种空间最直观的表达。街和巷作为古村落的主要道路系统，具有指引和连接作用。对古村落街巷空间的研究，可以让我们更加了解整个

村落交通系统的发展过程。街巷空间的形成向我们呈现了村落范围的逐渐扩大是顺应地势自然生成的，构成了丰富的古村落景观，也是地域文化表达的物质载体。

（3）水体景观

水是一个村落在选址时的重要因素。人类的生产和生活离不开水，一个村落的发展与繁荣更是与水有着千丝万缕的联系。在古村落景观规划中，水景观作为地域文化的载体，丰富了村落景观的构成形式。水景观的形成在村落空间、文化底蕴方面都要受到其地域文化的影响。我们在规划设计中应更加注重对自然水体的保护和利用，保持其特有的水体景观形态，展现该地区的独特地域文化。

（4）村口广场

用来识别一个村落的先决要素就是位于村口的古树、广场、水塔等常见的一系列标志性景观。村口广场是整个村落面积较大的主要公共空间，村口广场除了供村民娱乐休闲，也成为人们举行祭祀活动的主要场所。村口广场在规模尺度、分布位置及功能上与整个村落保持着和谐统一的关系。其本身具有丰富的景观层次变化，被赋予了更多地域文化符号，村口广场作为一个景观载体，不仅为人们提供了娱乐活动中心，也是人们精神上的中心，承载着村落的独有的地域文化。

2. 非物质文化景观表达载体

除了物质文化景观表达载体，非物质文化景观表达载体也起着很重要的作用。它包括人的生产生活方式、风俗文化、宗教信仰、历史故事、美丽传说等，是精神层面上物化的表现。

（1）历史名人故事和美丽传说

在融入了地域文化的古村落景观营造中，为了使古村落的文化内涵能够充分表达，我们往往会从当地的历史文化中汲取并挖掘一些比较有代表性的历史典故、名人故事和美丽传说，从中提炼出设计灵感运用到景观的创作与营造中，这样不仅可以丰富古村落景观的人文景观，增加景观趣味性，还可以起到教育意义，使人们产生精神上的共鸣。

（2）传统民俗文化

传统的民俗文化是地域文化中极为重要的部分。由于文化背景、信仰的不同，村落在经过历史的演变和发展中慢慢形成一些极具当地特色的民俗文化，是古村落文化的传承和延续。它是人们根据当地所特有的自然、社会、人文环境所创造和继承发展的社会生活文化，是一种文化传承现象。

（二）地域文化在古村落景观中的表达手法

1. 保留的表达手法

古村落是一个闪闪发光的宝石，历经几百年历史岁月磨炼与考验，恒久性是其存在的最大价值。保留的表达手法就是指通过对历史遗留下的建筑或原有的景观空间格局，进行有选择的保留和恢复，并与新的景观要素相融合，从而形成一个既能传承历史文脉又符合现代生产生活的景观环境，丰富村落的景观结构，延续其历史文化内涵，体现其独有的地域性特征。随着社会的发展，人们的生活水平逐渐提高，原始的一些景观格局不能再满足人们的现代生活需求，但这些原始的景观空间承载着该地区的历史、传统民俗文化及历史演变等，我们需要对其进行保留并有所改善。在保留原有景观结构与历史形态的基础上，提取该地域可利用的元素并运用到设计中进行优化，这不仅体现了场所精神，还起到延续历史文脉的作用。这种表达手法与周边环境的协调性比较高，对生态环境的破坏性很小，表达性强。

2. 再现的表达手法

再现的表达手法是对一些有着重要历史文化价值，但已不存在或者失去了原始形态的构筑物和场景进行恢复提炼再现，使其能更充分地反映该地区经过长久历史发展而积淀下来的地域文化特色。让观赏者置身其中，从视觉上感知和了解当地当时的历史文化氛围，从而产生想象和联想并达到情感上的共鸣。在古村落的景观规划中，地域文化的再现表达手法要求我们要深入研究该地区的历史文化，结合现代的设计手法，将历史文化与场景再现。

3. 隐喻的表达手法

隐喻是指在场所的设计中带有叙述主题或在视觉上带有文化或地方印

迹，具有表述性，使作品会"说话"。在现代景观规划设计中这种表达手法很常见，是用暗示、联想、想象、回忆等手法，让观赏者领悟体会其所表达的那种看不到的东西。将不同地域文化的精神内容转移到另外一个事物上，并赋予其感情色彩，使观赏者对其产生思考和联想，最终达到一种情感上的共鸣。

隐喻的表达手法在古村落景观规划设计中的运用，使得景观印上了浓郁的地域特征符号，从而能将景观所赋予的寓意更好、更直观地表达出来。地域文化视野下的古村落景观通过自己特有的历史文化和传统，经过时间的磨炼与考验，凝聚成该地域的历史文脉，向人们表达一种其自身的情感与思想，这也就是地域文化在古村落景观中的隐喻性表达。具有隐喻性表现力的古村落景观，它承载着这个地域的文化与历史发展，我们可以通过它对历史和现代进行沟通交流，彰显古村落独有的文化特色。

（三）地域文化在古村落景观中的表达策略

塑造具有地域文化特征的古村落景观，需要在规划和设计中提炼并深入挖掘地域文化资源，有效地利用资源，合理地配置资源。注重整体性的统一，与自然和谐共存，历史文化与现代的融合，最终形成一个既能传承历史文脉又符合现代生产生活的景观环境，丰富古村落的景观结构，延续其历史文化内涵，充分体现其独有的地域性特征。

1. 整体性的统一

古村落景观的最大特点，在于它与其所在的地域自然环境的协调和融合；在于其地域建筑形态特征的独特性；在于其地域内模式共性和地域外模式个性的矛盾统一。基于地域文化的古村落景观设计是对该村落景观完整性与特殊性的保护，对该村落地域性文化的把握不只是简单地提炼景观要素或形式照搬，而是要对该村落景观的形成与发展机理充分认知，了解其自然发展规律和历史发展演变历程，认识到要从整体上把握古村落景观的统一性，使得对古村落景观的规划设计成为彰显该地区地域文化特征的途径。

在地域文化古村落景观的营造中，不能把整个生态整体中单独的一部分隔离出来，迫使它孤立存活，我们要充分考虑其各个构成要素，遵循整体性原则。我们还要在空间维度上支配，将一定时期的历史文脉继承发扬，将深刻的文化内涵灌输到景观规划设计中，呈现出一种时间和空间上相统一的整体性原则。整体性的统一是对古村落整个景观系统的整体性把握，古村落景观系统具有繁杂与丰富性，它并不是一个与社会隔离的生态整体，也不是孤立存在的，我们要探究它是否能够与周围自然环境、历史文化背景等一系列构成要素和谐共生。

（1）与自然的协调

从景观构成上看，古村落景观是一个自然景观和人文景观相互和谐交融的一个复合体，人类对其的干扰强度相对较低，有着较强的景观自然属性。自然环境在整个古村落景观系统中占据主导地位，具有深远性和宽广性。一个传统村落的历史演变过程，遵循着一定的自然发展演变规律。组成的各个子系统之间存在着良好的互动共生的关系，这也是古村落能保持持续发展活力的原因。因此，基于地域文化的古村落景观要通过对该村落的地域文化特征深入研究分析，适应该村落景观的自然机制，保证与自然的演变规律平衡发展。探索出一种最适合该地域、与自然环境完美契合相融的景观设计优化方式，形成具有发展潜力与独特魅力的景观形态。

（2）历史文化与现代的融合

古村落最能打动人的是其自然的、质朴的生活气息，是历史传统文化与所处自然环境的和谐一致。古村落是经过长久的历史发展演变而成的，与自然环境和谐共生，人们聚族而居继承并创造了深厚而丰富的村落文化，使得古村落成为丰富历史文化遗产的载体，是古村落文化的根基。在研究古村落的景观时，我们还要重点看该村落是否还具备比较完整的传统文化继承，是否直到现在仍作为相对独立的生活系统继续为人们服务。基于地域文化的古村落景观设计不仅是对历史文化的继承，还要满足人们现代的生活需求，从而达到精神上与物质上的双重享受。基于地域文化的景观设计要提取地域文化特征，打造一个景观空间，它既能让人们对过去历史和文化进行感知和回忆，又能顺应现代生活飞速发展的使用模式的变化。我们应该在发展中寻求一种历史与现代的平衡，并且让这种平衡能够很好地呈现在人们的生活中，使得地域性的古村落景观既是对历史的一种追溯和怀念，又能使其更加有安全感和亲切感。

2.地域特征的创新

如今的景观设计发展速度飞快，但在过度追求利益的同时，景观设计的创新设计甚少，盲目照搬国外的设计，使得中国城市景观在慢慢失去其特有的地方特色。因此，我们不应该将视线只固定在景观设计的形态上和视觉美感上。基于地域文化的古村落景观设计应在对其自身特有的、固定的自然环境资源基础上，探索并充分利用其价值，将自然环境的特色重点突出呈现出来，将该地区的地域文化特色展现得淋漓尽致。

（1）地域的独特个性

不同的地域造就了不同的地域文化，地域文化是在某一区域内经过长期历史发展积淀升华而成的。地域性古村落景观的塑造离不开地域文化，不同地区所独有的文化特色和特征，为设计提供丰富的素材与灵感来源。然而，景观的独特个性并不是表现在设计师创造的异想天开或强烈的视觉冲击感上。地域性古村落景观设计所形成的地域文化特征是对该地区地域独特个性的尊重和恰当的把握。通过对地域个性的提炼并发掘其价值运用到设计中，村落的景观特征表达得更明确，更能彰显其独特的魅力。

（2）地域的创新理念

创新往往被认为是标新立异、引人注目。古村落景观地域文化的表达，也需要创新的元素，创新的灵感来源于该地域的特征。地域不是一种约束和羁绊，是我们进行创作的灵感源泉。当我们在对古村落地域文化元素进行选择、提炼、归纳后，经过现代性的设计思维与手法创作出新的元素符号。通过人的现代审美观将地域文化特征与内涵进行扩展和创新，形成一种新的元素符号，带给人一种直观的视觉和感官冲击，从而感受和认知到古村落景观的地域文化内涵。不仅使历史文化得到了很好的传承，还丰富了古村落景观的内容。

3. 对历史遗存合理保护和利用

合理地保护和利用古村落文化遗存是古村落景观的地域文化最为直观的体现，既将具有独特魅力的历史文化遗存呈现给世人，又将无形的历史文化遗产发扬光大。古村落最大的价值源自历经岁月考验的恒久性，要想保持古村落的价值，就要将古村落的开发和保护相结合，走一条古村落可持续开发的道路。将独有的地域性资源进行有效合理的配置，深入挖掘出该地域中有利用价值的资源。我们应该在可供开发利用的丰富资源里，将有利用价值的、历史遗存等景观元素合理地保护和利用起来，进行可行的景观塑造，从而达到一种在视觉审美上的和谐、空间充分利用、景观环境得到改善的效果。

第五章 基于地域文化的乡村人才培养

第一节 乡村人才培养的重要性

国以才立，业以才兴；千秋基业，人才为先。中华民族数千年历史反复证明，人才的培育对国家的兴衰和事业的成败具有至关重要的作用。对于乡村而言，培育乡村人才在惠农政策推广、促进农业产业化经营、推广农业技术、促进经济发展、改善乡村风貌等方面具有极为重要的意义。

一、有利于惠农政策在乡村的推广落实

农业的发展和农民的致富离不开惠农政策的支持。惠农政策是指政府为了支持农业发展、提高农民收入、推动乡村经济发展而对乡村、农业、农民给予的政策倾斜和优惠，对于农业发展具有重要作用。政府通过政策补贴的方式能够让农民直接受益，在促进乡村农业生产和提高农民收入方面起到了积极的推动作用，有利于调动广大农民的积极性，增强农民从事农业生产的信心。

乡村人才是政府推广惠农政策的重要依靠力量。乡村人才文化素养高、思想积极奋进、影响力深远，对于惠农政策能够进行很好的解读，对于惠农政策在乡村的落实更是起到了重要的推广作用。一方面，乡村人才能够发挥带头作用，能积极主动地将惠农政策落实到农业生产实际中去，能够为农民树立良好的榜样，增强农民对于政策扶持的信心；另一方面，乡村人才能够发挥示范作用，能立足乡村实际情况帮助农民解答有关惠农政策的疑惑，能够为农民介绍政策审批的流程，能够通过现身说法让农民感受到惠农政策对农民的扶持力度，激发农民投身农业发展的热情，进而将惠农政策的优势真正体现出来。当前，充分相信乡村人才，有利于帮助政府

在乡村宣传惠农政策，有利于帮助农民理解惠农政策。

二、促进农业产业化经营，提高农民收入

乡村人才的培育不仅有利于农业发展，而且直接影响着农民的收入。培育乡村人才，能够提高农民的文化素养，增强农民敢于致富的勇气，有利于农民创新创业，有利于改变农民僵化的小农意识，推动农业由小本经营向产业化、链条化生产经营不断靠拢，最终提高农民的收入水平和生活质量。

在乡村，农民具有分散经营的特点，对于市场的需求和要求，存在滞后性和单一性。企业经营人才、乡村经纪人等创业经营型人才的出现不仅促进了农产品的宣传和销售，促进了产业结构的调整，而且推动了农产品的规模化、产业化经营。这类人才能够促进农产品产业链的发展，带领当地农民致富，提升当地的经济水平。其中，有资金、有才干、能吃苦的人才创立了龙头企业等新型农业经营主体，利用当地的优势特色产业，打造乡村品牌，促进了乡村经济的迅速发展，还提高了广大农民在农业发展方面的积极性，有助于促进农民增收创收。创业经营型人才不仅自身能够致富，还能够起到示范作用，带领农民致富，是乡村能够留下、能够使用的中坚力量。这类人才发挥各自的优势专长，能够做到因地区制宜、因产业制宜，在技术上和资金上予以农民帮助和支持，能带领广大农民实现生活质量的提高。

创业经营型人才在推进农业产业化发展的同时，还有利于促进乡村剩余劳动力就业。目前我国劳动力市场呈现供大于求的状态，乡村劳动力依靠外出打工难以满足就业形势的需要，因此必须开辟多元化的就业渠道，帮助乡村劳动力自主就业、灵活就业。创业经营型人才是乡村就业机会的创造者，他们可以创造大量的就业机会，是解决乡村剩余劳动力就业问题的重要力量。

三、加快农业技术推广，促进农民增收创收

传统农业主要通过耕地面积的扩大和增加物质投入来实现增产，这种生产方式不仅生产效率低，还容易受到乡村耕地面积的限制，发展空间不足。现代农业的发展已经不再完全依靠耕地面积的大小，科技的推广发展及有效

利用在农业发展中占据了主要地位。现代农业发展的关键就在于大规模利用现代科学技术，将传统生产要素与新的生产要素相结合。这一过程的实现，需要农民具备一定的科学知识和专业素养。目前，农业发展存在着科技成果不断丰富，农业实际操作能力却难以跟上的现象，科技成果难以运用及转化的现状已经成为制约乡村进一步发展的重要原因。造成这一现象的根本原因就在于多数农民的科技素养低，对于先进的技术理念和科技手段的接受速度慢、接受程度低，因此培育农业科技人才具有重要的意义。

一方面，农业科技人才在促进农业技术推广方面有着重要的作用。农业科技人才作为农业技术的推广者和农业成果的转化者，是专家传授的科学理论转化为乡村现实需要的桥梁、纽带，对农业技术的推广起着积极的促进作用。此外，农业科技人才在学习科技知识和技术的基础上同时具备创新性，能够将科学技术和乡村实际相结合，并通过自身的理解和学习有针对性地将经验技术传递给广大农民，有利于提高农业产量，推动农业科技成果转化。

另一方面，农业科技人才能带领农民增收创收。在乡村，多数农民缺乏专业的农业技术。由于农民种植的农作物、农民的耕作方式、肥料投入及病虫害的防治情况存在着明显的差异，农民在农业生产过程中难免会遇到难以应对的难题。这些难题容易导致减产，尤其是恶劣的自然灾害，甚至容易导致绝收。农业科技人才拥有专业的技术知识，能够因地制宜地解决农民生产中碰到的难题，能够提高化肥、农药的利用率，实现资源利用的最大化，帮助农民增收创收。

四、促进乡村经济发展，提高生产经济效益

乡村的发展振兴，关键就在于人才。长远来看，推动经济发展的力量不再取决于土地的扩大、资本的提高，而是更多地体现在人的知识和技能的运用上。人才是经济发展中最关键的因素，无论是乡村生产力的提高还是农业现代化的推进，都需要先进科学技术作为支撑，都需要高素质农民作为发展主体。农民素质得不到提高，农业技术就难以转化为实际成果。"乡村振兴，人才先行"，人才的培育已经成为解放生产力、发展生产力、推进农业技术

革新、提高当地经济效益的关键因素。

我国作为农业大国，需要培育一批乡村人才。乡村人才是助力乡村生产力发展的领军人物，他们善于管理村庄、懂得生产经营、能够科技创新，并且愿意带领农民致富，是乡村发展的重要资源。乡村人才培育的目的：就是要站在一定的战略高度上，打造一支高素质、高能力的乡村人才队伍；就是要提升农民的素质，将惠农政策推广到村，落实到户；就是要实现科技支农、人才助农，促进先进技术和管理经验的推广和传播；就是要实现农业现代化、科技化、规模化发展，推进乡村经济全面发展。培育乡村人才是实现人才振兴、科技振兴的有效手段。

乡村人才自身具备过硬的本领才干，拥有带领农民致富的能力，同时也具备艰苦奋斗、敢于创新的精神品质。相比普通农民他们更具备敏锐的市场观察力和信息利用力，能够抓住市场的机遇，促进经济的发展，并会在乡村发展的过程中积极投身家乡的基础设施建设，推动当地交通、水利、环境的改善，为当地经济的发展提供巨大支持。

目前，一些地方通过培育乡村人才，形成了具有地方特色的乡村支柱产业，促进了乡村经济的发展和生产效益的提高。培育乡村人才，有利于通过本土人才的血缘关系及地缘关系，将一家家分散的农户经营转向合作经营，有利于提高农民的组织化程度，提升农民的人均资源占有率，进而促进生产效益的提高。一方面，生产效益的提高体现在有效实现了农民小生产和市场大需求的有效结合，有利于农民提高组织化程度及促进农产品集中销售；另一方面，体现在形成了农民之间的利益共同体，形成了新的生产、分配、加工及销售的关系，农民的收入与生产效益直接挂钩，大大提升了农民投身农业的积极性。

五、改善乡村风貌，助力和谐乡村建设

推进和谐乡村建设，必须使农民安居乐业，必须使乡村和谐稳定。当前，农业收成受客观因素的影响，收入难以维持稳定，导致农民生活压力大，容易引发各种社会矛盾，是社会不稳定、不和谐的因素。加快乡村人才的培育，

能够帮助农民提高自身素质，能够带领农民致富增收，减轻农民的压力。尤其是乡村人才通过创办龙头企业、发展农民专业合作社的方式，将农民紧紧团结在一起，实现利益共享、风险共担，有效促进了资源技术的共享及农民之间关系的改善。

忽视乡村人才的培育，任由劳动力自由发展，不仅会使乡村经济难以更好、更快地发展，而且容易造成社会矛盾。培育乡村人才能够提升农民整体素质，协调邻里关系，促进乡风文明建设。

乡村人才作为乡村振兴的领头羊，不仅仅是先进生产力的代表，同时也是先进文化和先进思想的传播者，更是先进科学技术的学习者和领头者。乡村人才能够扎根乡村、贴近农民，能够协调农民关系，能够将政策方针、法律知识、社会风尚通过通俗易懂的方式传达给农民。从教育推广到乡村振兴战略的宣传，从普法宣讲到农民法治观念的提升，从科学普及到移风易俗的促进，乡村人才发挥着重要的作用。乡村人才在农民中拥有很大的影响力，在改变乡村传统观念、促进乡村和谐稳定方面发挥了重要的作用。

当前，我国乡村地区精神文明建设还存在不足，乡村人才积极带领农民讲文明、树新风，对于村容村貌的提升具有重要引领作用。

第二节　构建基于地域文化的乡村人才培养策略

一、新型职业农民

（一）新型职业农民概念

1. "农民"的由来及含义

研究新型职业农民以前，我们首先要弄清楚农民的概念起源。"农民"这一概念是在奴隶制结束、封建制度形成以后，作为一个社会阶级出现在历史的舞台上。农业是封建社会的根基，农民阶级在社会变革中起到了重要的作用。传统农民具有两个特征：第一，阶级属性，传统农民是被剥削阶级；

第二，劳动属性，农民主要从事农业生产活动。美国现代经济学家舒尔茨认为，传统农民是"一个得到并精通运用有关土壤、植物、动物和机械科学知识的农民，即使再贫瘠的土地上，也能生产出丰富的食物"。

1958年，我国确立户籍制度，农民成为农村户口的称谓，我国公民就分成了农业户口和非农业户口。因此，我国的农民具有两个明显的特征：一是农民是一种身份，主要包括"农业劳动者、非农业劳动者、农民知识分子和乡村管理者"；二是农民是一种职业，主要指把农业作为生存手段的农业生产者。因此，从农民的基本属性和时间、空间的角度来看，学界将我国农民归纳为当代社会以农业为职业，长期居住在乡村并从事农业生产活动的具有乡村户籍的农民。这里的农业生产活动包括种植业、林业、畜牧业、渔业及副业，其中副业包括开超市、快递点、手工作坊等促进增收的活动。

2. 新型职业农民的由来及含义

（1）中央文件及政策层面的阐释

2005年，我国农业部（现农业农村部）首次提出"职业农民"的概念并将其定义为农村劳动力中具有初中及以上文化程度，从事农业生产经营、服务及乡村经济社会发展等领域的农民。同年，《中共中央关于制定国民经济和社会发展第十一个五年规划的建议》提出了"新型农民"术语，2006年、2007年的中央一号文件一直使用这样的表述，同时更加注重对技术、文化、经营能力的要求，要求加快建设现代农民的人才队伍。2012年，原农业部办公厅印发《新型职业农民培育试点工作方案》，在全国开展培育试点工作，开始进行实践总结，试点的数量及规模不断扩大。2013年，原农业部办公厅下发《新型职业农民培育试点工作方案》，对"新型职业农民"做了具体定义："新型职业农民是指以农业为职业、具有一定的专业技能、收入主要来自农业的现代农业从业者。"

总之，从中央文件及政策层面可以看出，从"职业农民"到"新型农民"，再到"新型职业农民"，这种提法的变化反映了新型职业农民的内涵变得更加丰富，对农民从事农业生产劳动的能力提出了更高的全方位的要求。国家非常重视乡村实用人才的培养，"新型职业农民"已经成为自由选择的职业，它具有鲜明的中国特色，必将在乡村振兴战略中发挥着不可替代的作用。

（2）我国学术界对于新型职业农民的界定

中国农业大学朱启臻教授认为，新型职业农民具有传统农民的特点，是市场的主体，追求利益的最大化，以农业为终身职业，注重后继有人，同时还具有高度的社会责任感。童洁、李宏伟等人提出，"新型职业农民是指掌握现代农业生产经营的专业知识和技能，以自主选择为前提、以市场为导向，在农业产业环节中从事生产、经营、服务等专业工作，并获得相应报酬的职业群体"。中国矿业大学杨璐璐认为，新型职业农民从传统职业农民分化而来，学习到更多的专业技能，向职业化方向发展，收入也不断提高。魏学文、刘文烈从职业农民和新型农民的特征，定义了新型职业农民是"以农业为固定职业、具有较高的文化素质、有技术、懂经营、会管理的新一代农民"。蒋平将职业农民与传统农民的差别进行比较，认为新型职业农民是在传统农民含义的基础上有了更丰富的内涵，"自主选择在农业一、二、三产业充分就业，专业从事农业生产、经营或服务工作，具有较高农业生产技能，具有一定生产规模，其主要收入来源于农业生产且高于当地城镇居民平均收入水平的职业化农民"。

综上所述，有关新型职业农民的含义及看法，尽管表述有所不同，但核心内容是相同的，归纳起来可以定义为：我国新型职业农民是以农业为职业，收入主要来源于农业生产经营活动，掌握先进的农业技术，了解最新的农业政策，拥有较强的经营管理能力，具备较高的思想文化素质且达到相当水平的专业化现代农民。

3.新型职业农民的分类

我国新型职业农民主要分为三类，即生产经营型职业农民、专业技能型职业农民和社会服务型职业农民。生产经营型职业农民是指以农业为职业、占有一定的资源、具有一定的专业技能、有一定的资金投入能力、收入主要来自农业的农业劳动力，主要是专业大户、家庭农场主等。专业技能型职业农民是指在农民合作社、家庭农场、农业企业等新型生产经营主体中较为稳定地从事农业劳动作业，并以此为主要收入来源，具有一定专业技能的农业劳动力，主要包括农业工人、农业雇主等。社会服务型职业农民是指在社会化服务组织中或个体直接从事农业产前、产中、产后服务，并以此为主要来源，具有相应服务能力的农业社会化服务人员，主要是农村信息员、农机服务人员、农村经纪人、村级动物防疫员等。

4.新型职业农民与传统农民的区别

传统农民代表着"旧型"农民，是与"新型"农民相对的概念，传统农民是在旧的社会条件下，受自然资源、天气等条件制约，以土地为生产资料，靠自身不断积累的经验从事传统农耕生产的农民。他们长期居住在乡村，生产工具、思想观念都比较落后。具体来看，传统农民与新型职业农民具有以下不同之处。

传统农民追求生存、生产的目的是解决自身温饱；思想观念落后，缺乏农业生产知识；采用自给自足的生产方式进行生产，远离市场经济；生产规模较小，主要以家庭为单位；收入较低，难以满足更高层次需求；认为农民是一种身份象征，身份是"世袭"的，具有强制性；不需承担更多社会责任。

新型职业农民早已解决最低层次的生存问题，追求更高的物质和精神享受；他们将农业作为一种产业，进入市场去寻求利润的最大化；将农业作为自己的职业，获得了社会认可；掌握了更多的专业技能，综合素质较高；生产规模和经营范围更加广泛，形成了产业化链条；需要对自然环境、消费者、社会负责等，保障粮食安全和食品质量；可以自由选择职业，具有自主性。

5.新型职业农民的优点

一是有情怀。新型职业农民热爱农业，热爱乡村，愿意把农业事业作为自己的追求。他们对乡村有家的亲切感，从心底爱农业，对乡村未来前景充满期待，尤其是那些从小生长在乡村又返回家乡的青年大学生、青年农民、退伍军人等。这些都是从事农业生产的重要前提。

二是有能力。新型职业农民是一群有文化、懂技术、会经营、有高度社会责任和现代市场观念的人。有文化不仅指接受文化教育，还指自主学习实践的能力，独立的思维能力；懂技术指能够掌握和运用新的技术和科研成果，将科学技术转化为农业生产力；会经营指有生产经营能力和管理经营能力；

有高度社会责任指能保证农产品的质量；有市场观念指拥有市场意识、农业创业意识，能够应对市场带来的风险。

三是有尊严。新型职业农民有较高的社会地位，受到社会尊重；以农业为主，收入不低于城市。美国、日本等发达国家农民的收入普遍略高于城市收入。我国新型职业农民正在逐步获得职业认同，部分农民的收入已经高于城市其他职业的收入，农民将会成为令人向往的职业，社会地位也会随之不断提高。我国从 2018 年起，将每年的秋分季节，设立为"中国农民丰收节"，就是为了让农民变得有尊严、有幸福感，让农民成为人们羡慕的职业。

（二）完善新型职业农民培育的对策

1. 完善有关新型职业农民培育的法律体系

乡村振兴战略提出后，乡村经济发展将会出现新的变化，越来越多的人开始回流乡村，面对乡村的机会都加入新型职业农民的队伍中去，学习农业技术发展农业。我国新型职业农民的培育与发达国家相比发展时间比较短，而且国家早期优先发展工业，农业的发展相对缓慢，随着经济和科技进步，乡村农业的短板日益凸显，亟须改变乡村落后的面貌，开发乡村资源。促进乡村振兴发展离不开法律强有力的保障，发达国家保障职业农民权益的法律比较完善，所以应借鉴其经验，尽快建立和完善有关新型职业农民培育的法律体系，对农村土地流转、运营自主权、新型职业农民培养、农业职业保障及违背农业职业道德基准的惩处等各个部分进行具体的规定，并出台相应的配套政策措施，监督各相关部门及社会机构有效实施。将现有的相关制度法律化，通过这种立法的形式，让新型职业农民充分认识到自己在参与培育中所扮演的角色。

2. 强化政策扶持力度

一是进一步宣传土地流转政策的好处。按照自愿、平等、有偿的原则将土地承包给农业合作社、家庭农场、专业大户及农业产业园区，也可以与他们合作或者通过参股等形式流转出去，政府要简化流转的手续和程序，促进乡村土地规模化、产业化、集约化发展，使外出务工人员对流转的土地更加放心，同时政府降低规模经营的新型职业农民用地成本，促进稳定发展。二是保障农业生产补贴政策。要完善种植业补贴的政策，稳定粮食产量；要支持农业薄弱的地方研发农业机械，促进农业机械的升级；要对畜禽粪污资源治理进行补贴，提倡绿色农业；要提高保费补贴，对小麦、水稻、玉米进行补贴。三是提供技术服务。在技术支持方面，请县级以上的专业技术人员和专家进行产前、产中和产后的全程免费服务。四是强化金融信贷税收支持。农业投入高、风险大、回报低、周期长的特点制约了农业资金的流动，而农业逐渐向规模化和集约化方向发展，新型经营主体呈现出多元化，农业成为产供销一条龙的链条，这些新的变化都需要银行提供强有力的资金支持和多样化、全方位的金融服务。农民缺乏可抵押的有效资产，可以通过土地经营权抵押的形式，鼓励金融机构向农民贷款，同时为新型职业农民提供部分专项资金支持，为农民提供担保资金和低息或无息贷款。

3. 提供良好的外部环境

（1）提升农民的社会地位和自身素质

新型职业农民不仅是农业生产经营的主体，也是解决乡村"无人种地"问题的关键，所以他们对社会稳定起着重要的作用，这与每家每户的生活都息息相关。追溯中国历代的统治者，都把农业作为国家的立国之本，农业是统治者赖以生存的基础，因此统治者对于农民的地位很重视。但是随着社会的进步和发展，尤其是大城市、大城镇的经济发展水平远远高于乡村的发展，城市能为农民提供稳定的收入，农民还能享受更好的教育和医疗条件，而且许多乡村的孩子也都希望通过上学改变自己的命运，这使得大量的农民离开自己家乡到大城市打工，想要留在城市就业。

要想提升农民的社会地位，需要摒弃对传统农民的看法和观念，提升农民的素质，加强社会的宣传。具体来说如下：一是要加强各级政府对于乡村的扶持力度，大力发展乡村经济；二是要改善乡村的居住环境、完善基础设施；三是缩小乡村与城市的教育水平差距，改善乡村学校的食宿水平，让乡村学生的教育和身体素质两方面都不能落后。所以要重视农民的作用，提升农民的素质和社会地位，塑造农民的良好形象，营造尊重农民、支持农民的良好氛围。

（2）完善乡村公共服务设施

要培育新型职业农民，公共基础设施的完善也非常重要，这不仅能够增加农民收益，提高效率，而且还是提升乡村居民幸福感的重要保证。我国乡村的电、水、气、房、路、通信的基础设施已经有了大幅度提高，教育医疗方面也大为改善，但与城市相比差距还很大。部分深度贫困地区的用水、用电、通信和交通的基础设施还不能满足当地农民的需求。农民的生产工具落后、农产品销售困难，还不能支撑其完全稳定摆脱贫困，这些是脱贫攻坚的薄弱环节。要想改变深度贫困地区的公共服务设施不足的现状，就要在农业生产方面为农业发展提供支持。乡村医生和教师人才的缺口还很大，需要一批高质量的人才队伍去提高乡村的医疗和教育水平，通过政策吸引人才回流非常关键。要合理统筹城乡发展，对公共基础设施进行合理布局规划，提高利用的效率，避免浪费。同时，居民的生活配套设施也要建设好，污水处理、垃圾处理做到位，也不能忽略乡村居民的教育、娱乐设施的建设。

4. 明确重点培育群体

现阶段，我国正处在全力推动农业现代化重要阶段，对人才的需求特别大，但是需要相当长一段时间的积累才能培育出充足的具备高素养的专业人才，所以明确重点发展的群体对职业农民队伍的建设至关重要。通过重点培养返乡创业的农民和大学生群体来提高农业生产的效率，加快提升他们的综合素质和生产经营能力以应对结构性变化的挑战，为农业发展提供新的发展力量，把握住乡村机会，谋求更大的发展空间。

首先，土生土长的青壮年农民，打工回乡后接触到了新鲜的事物，学习能力较强，这一群体具有见多识广、观念新的特点。他们的年龄为35～50岁，在城市受到工业化、市场化、组织化的观念影响，并且他们在外打拼有了一定的资金积累，他们有能力去承包土地、兴办家庭农场、组织农民专业合作社或者经营其他种养殖业。而大学生有的是农学专业，本身掌握了许多种养殖技术，他们是发展农业的最佳人选。非农学专业的大学生的素质较高，学习能力强，在经营管理和市场开拓方面有独特的优势，能够充分利用互联网让农业更"智慧"，这为农业发展提供了人才补充。其次，回乡青年和大学生熟悉乡村的发展情况，而且更容易了解当地政府的政策，他们有自己的乡根思想，更容易在自己家乡稳定下来，相比外来人口务农更适合培育。再次，对青年农民来说，从事农业的门槛比较低，只要身体素质好，肯学习新的知识，学习生产经营的技术和管理理念，新型职业农民的这个职业前景非常好。最后，农民进城打工，有的已经安家落户，乡村土地资源得到了释放，有利于集中规模搞生产，为农业发展提供了机会，而且政府会给予指导和政策扶持，这样大大增强了农民创业的信心。

回乡创业的农民大都担负着养家糊口的责任，不可能像学生一样每天学习，因此要根据农民的闲暇时间合理安排学习，每次培训时间不宜过长，同时要考虑到地域的选择，保证农民参与的积极性。返乡大学生创业资金比较少，缺少实践经验，可以通过产业园区、专业大户基地和农业企业学习现代农业的先进模式，按市场的需求和自身实际情况，做小而精的农业模式，如农场直营和短视频电商、社区配送和水果店直供等，要根据地区的产业结构去选择一种适合的模式，专注单品精耕细作。农业的风险很大，要从小做起，不断学习和总结经验，新型农业才能取得成功。

5.建立和完善系统的职业培训体系

（1）提供充足的教学资源

我国大部分乡村居民构成复杂并且对于职业教育需求多样化，这使职业农民教育不能完全满足其实际需要，所以应给予受训者充足的教学资源，以满足受训者的不同需求。从培育需求来看，农民职业教育培训要大规模和小规模兼顾，满足农民对培训的需要，覆盖面要大，培育形式要灵活多样。从培育群体看，除了对乡村大专以下毕业生开展农业理论和实践的普及性教育，提升乡村青年素质，也应对种养大户、农业专业合作化成员、农业服务人员、农业企业人员等进行再教育，发现在农业发展过程中的问题，不断学习新的知识和农业发展的新观念，跟上现代农业的发展方向，提升他们经营管理能力和职业素质。

（2）建立优秀的教师队伍

目前，我国农民职业培训的师资力量较弱，部分文化水平高的教师远离乡村，对乡村的实际情况不能及时掌握，农业实践经验少，这导致在培训过程中的农民知识结构单一，而培训教师也更换频繁，缺乏连续性，使得培训的质量和效果都不理想。除了需要合理安排师资队伍的结构和数量，培训教师拥有扎实的专业基础知识，还应充分发挥中央农业广播电视学校的资源优势，加强对专任和兼职职业教师进行系统培训，提升其教学能力，使其及时将新的知识和技能融入课堂中，理论联系实际，采取多种多样的教学方式，提高职业农民的学习积极性。

（3）健全考核评估机制

在保证培训质量方面，"国外施行了严格的考试和认证制度，一般会有1%～2%的淘汰率，为农民培训建立了统一目标，也为监督评估提供了统一标准"。所以要提高效率，一是建立信息反馈和长效跟踪制度，采用电话、互联网或调查问卷的形式，及时收集受训者的反馈。二是基于不同地区的农业发展水平，有针对性地制定受训者的评价标准，科学地对农民进行资格认定。三是建立新型职业农民的考核认证制度，定期举办培训交流研讨会或定期培训学习，不断通过学习来完善自身专业能力。

二、加强乡村农业科技人才队伍建设

（一）农业科技人才的界定

1.农业科技人才的概念

农业科技人才是农业科技研究、推广、运用及科技知识普及等多种科技专业人员的集成说法，是掌握先进的农业科学技术才能，并在乡村发展道路上领先他国的主要力量。乡村振兴战略的实施离不开农业科技人才的支持与引领，乡村振兴战略是解决"三农"问题的总抓手。

科技进步是中国农业发展的根本出路，农业科技人才是推动中国农业科技发展的首要资源。农业科技人才是农业产业工人的优秀代表，是我国人才队伍的重要组成部分，是实施人才强国战略、就业优先战略和创新驱动发展战略不可或缺的宝贵人才资源。在进入中国特色社会主义新时代，培育农业经济新动能、实现经济高质量发展时期，加强农业科技人才培养具有一定的历史意义和现实作用。

2.农业科技人才的素质要求

自然科学与哲学是相通的，农业本身是自然和社会的耦合，而这两个系统是通过人的影响而形成的，"人"这个因素其行为本身就该保持在合理的阈值里，这就对其有了具体的要求。在国际国内农产品市场日益融合的背景下，提高农业国际竞争力，迫切需要人才素质迅速提升。如何选出强有力的技能领头人、致富带头人，成了重中之重。

（1）打造高技能人才队伍

要率先实现乡村振兴战略，就要着力打造一支职业能力强、业务素质高、特别能吃苦的高技能人才团队。当前，我国农业发展进入了新时期，创新是时代的主题，是发展的推动力量，人才作为创新主体，高技能人才更是科技创新的重中之重，广大农业人才要不断提升综合服务能力，提升自身需求和发掘自身潜力。

（2）爱岗敬业

农业科技人才不仅要懂文化、懂技术，还要爱岗位、爱农业，坚持把品德放在农业人才评价的首位，重点是职业道德，要加强专业知识的学习、掌握业务技术，不断提高业务能力，增强为人民服务的本领。打铁还需自身硬，农业科技人员需及时更新知识储备，提升新观念、新技能，满足广大农民发展要求。

（3）促进科技成果的转化

在岗的基础工作人员，要定期参加业务培训，自我学习相关方面的知识，以及新技术、新项目的试验、示范和推广，下得了实验地，坐得进实验室。

（4）以农为本

农业科技人才要热心为民、真心服务，牢记和农民做朋友，群众的利益高于一切，想群众之所想，急群众之所急，多看看、多走走、多问问、多说说、面对面地传授技术。

3. 农业科技人才的社会责任

科学的价值是增进知识，但科学家不能绝对价值中立，在价值中立基础上的科学研究是为了更好地实现自己的价值追求，而不是沦落为一种精致的自我中心主义，最终导致对现存不合理秩序的默认，以及人文精神、批判意识的没落。科学家要普及科学和教育，捍卫和平，制止战争，发展社会经济，服务社会进步。在研究科技工作者的价值观念和行为的时候，不能忽视社会文化及社会中各种力量对科学家的影响，不能忽视各种制度对科学家的激励。

（1）农业科技人才的社会角色

科技工作者具有正式的社会角色始于 1834 年，英国哲学家威廉·惠威尔（William Whewell）在英国科学促进协会上首创了"scientist"（科学家）一词。1840 年，他在《归纳科学的哲学》一书中，正式使用了"scientist"这个词汇。近代科学的产生过程孕育了科学家社会角色的形成，所以其社会角色的形成过程漫长而复杂，因其具有创新精神、无私奉献精神，以及较强的价值理性的特殊性，所以逐渐被社会所接受，社会期望也不断提升。

科学家的社会角色可分为行为动机、行为规范与越轨行为。科学家的行为动机有非功利主义、社会对科学家的期望、社会对科学家行为动机的诱导——好奇心和科学奖励。行为规范是从科学家的价值观念衍生出来的外在表现形式，规范不断强化，逐渐支配着科学家的行为，而且规范具有普遍性、公有性、无私利性、合理的怀疑精神。但如约翰·德斯蒙德·贝尔纳（John Desmond Bernal）说的："今天的科学家几乎完全和普通的公务员或企业行政人员一样是拿工资的人，针对知识滥用需要适度的伦理管制，对科学家在知识错误传播和滥用的问题上需要仔细区分责任，而知识的内在价值与使用价值也不能完全剥离，应该在追求知识的真理性的同时造福人类并规避风险。"

农业科学技术是人类进步、农业进步的产物，现代生命科学技术和农业信息技术更是农业发展的巨大动力，在乡村振兴大背景下，人类愈来愈依赖高科技来满足农业发展的需要，现代农业发展已经逐步进入生物组学大数据时代，各种基因编辑、生物合成等学科知识推动了农业生物技术迅速发展。就其本身的意义来说，确实为农民增收、农业乡村发展带来了福祉，然而现代科学技术并不完全带来希望，同时也可能伴随着危机。农业科学工作者掌握大量农业专业科学知识，使其能够比其他行业的人更准确、更及时地预见科学知识所带来的后果，如农业转基因作物的生物安全因素、农业科学禁区的限定，其伦理原则和预防措施是生物安全的底线。另外，大部分农业科技人才还会参与政策的制定与实施，所以要格外关注农业科技人才的社会角色对乡村振兴战略实施的影响。

在现代科学技术哲学研究的逻辑下，农业的发展无一不体现了人与自然的关系，以相互发展和相互制约为前提，农业发展也体现出鲜明的哲学轮廓，即社会伦理、农业伦理和环境伦理。首先，农业科技人才要挑起爱护自然、保护环境的大梁，这是他们作为人的基本属性；其次，考虑到职业属性，农业科技人才要承担起促进农业发展的责任，农业科技的最终目的是造福"三农"，在利用科技的同时也要防止科技滥用带来的消极后果。在农业项目开始前，有必要对整个项目实施过程有一个较为完整的了解与预期，在带来效益的同时消除不利因素。

（2）农业科技人才的素质及品格

科技人才素质促进科技人才的社会责任，培育一个杰出的农业创新科学人才，需要重视农业科技人才树立正确的三观，以保证我国农业科技事业健康稳定地向前发展，加强农业科技人才的精神文明建设，培养良好的农业科学素质及品格，是一项具有现实意义的重要任务。

农业科技人才首先是先进农业生产力的开拓者，其次是现代农业科技知识的传播者，其自身的素质、品格与道德因素和承担的社会角色是不容置疑的。要想在乡村振兴战略中大施拳脚就要加强自身道德文化修养、培养专业的农业科学知识、树立正确的农业科学素养，实现由他律到自律的转变，洁身自好，以便用先进文化引领新时代特色社会主义乡村建设，引导农业科学朝着造福农民的方向发展。农业科技人才作为农业方面的"领头羊"，要时刻关注社会上流传的谣言与伪科学，引导农民群众正确认识科技力量。"弘扬科学精神、传播科学思想、倡导科学方法、普及科学知识"，是科技工作者永恒的使命。

（二）农业科技人才对乡村振兴的作用

1. 农业科技人才是乡村绿色发展的依靠

乡村发展离不开绿色持续发展战略，农业科技带动农业经济的同时需考虑绿色资源与突出环境问题，科学技术具有异化作用，带来希望的同时也可能带来失望，要实现农业的长远健康发展，科技是根本出路。我国已经到了依靠农业科技进步带动落后地方经济的历史新阶段，农业科技人才作为先导人才，要把握农业科技的发展规律，把握现代农业的发展规律，即工业农业、科技农业。实现农业科技与自然环境相辅相成，引导未来农业走向机械化、绿色化的两端，用现代农业技术创造绿色农业，离不开农业科技人才。

农业科技人才促进农业科学技术的发展，处理着农业技术研发和推广的关系，也是农业可持续发展的依靠，国家高度重视科技人才在农业可持续发展中的作用，出台的一系列人才激励保障政策足以证明。适应新发展理念，科技人才是掌握科学发展的核心技术、工具和能力的群体，充分发挥其价值引领作用能提高我国农业绿色发展的效率和质量。

2. 农业科技人才是科技创新的转化力量

科技创新不仅仅是实验室里的研究，而且必须将科技创新成果转化为推动经济社会发展的现实动力。科技成果转化的前端是科学知识的产生，终端则是科技产品的形成，政府和金融机构作为主体连接这两头并推进携带各类资本形成，三者共同促进科技成果经济价值的实现。实施乡村振兴战略要充分依靠农业科技人才力量去推进农业乡村现代化，引领科技创新，实现科技成果转化，使农产品数量质量双重提升，满足人民的消费结构升级需求。农业科技人才带动着科技创新的方向、规划着重点，真正落实"将论文写在大地上"，将科技创新驱动农业供给侧结构性改革的作用发挥到最优。根据乡村地区差异，规划特色产业、优势产业，以农民切实需求为导向，以保障优质农产品能有效供给和乡村的绿色发展为目的，围绕国家农业科技创新需求，实现农产品增产、农民增收。

农业科技人才不断推进农业创新科技成果转化，提升农业服务区域发展水平，联合其他农业科技力量攻关，推进农业科技力量整合与资源共享，是加强农业科技创新与农业产业经济紧密联合的关键环节，也是实施创新驱动发展战略的重要任务。农业科技人才集合创新精神、工匠精神、企业家精神，不仅解决了科技创新的"最先一公里"，也解决了"最后一公里"，切实将科学技术转化为农民生产力。因此，农业科技人才转化农业科技创新成果对推动乡村振兴战略发展、适应世界竞争发展具有重要意义。

从哲学角度来思考，有以下三个方面需要注意。首先，科技人才要综合分析科技创新的过程和产出对社会和伦理的影响，特别侧重其可能带来的生态风险和负效应，如生态环境危机。其次，要在早期阶段进行实时评估，以对科研和创新过程全面了解。最后，要加强科技创新的相关主体广泛参与、讨论协商。

3. 农业科技人才是乡村振兴的首选战略

舒尔茨提出改造传统农业的关键是引进现代农业生产要素，不仅包括杂交种子、先进的现代农业机械，还包括掌握现代科学知识、会运用生产要素的人才。杰文森（Vinson）和劳（Law）在对世界 30 多个国家的农业进行研究后指出：在农业投入资金不变的情况下，每个农户户主多接受一年的教育，农业产量平均增长近 2%。这表明，实现乡村振兴战略，需要切实可行的人才战略先行。

人才先行，乡村才能发展，尤其是农业科技人才，其作为实现乡村跨越发展的基础。只有积累大量人力资源，才能加速经济快速发展，才能强农富村。人才强、科技强，才能带来产业强、经济强、国家强，农业科技人才是建立科技强国的关键诉求。农业现代化发展至今，其内涵逐渐演变为农业乡村现代化，基本特征就是用现代科学技术发展农业，用现代经营管理理念指导农业，这需要开发具有一定科学技术和管理能力的人才。

农业科技人才作为乡村振兴的基础，可以激发现有乡村人员的激情与活力，实现农业科技项目的科研成果转化，加速农民技术人员的培养，达成农业乡村现代化和整个国家现代化。这既是挑战也是机会，人才走进乡村，带领农民致富，最终实现农业现代化、乡村振兴的目标，让乡村民主建设和管理得到质的飞跃，将农业科技创新精神贯彻到每一个工作细节当中。

（三）农业科技人才培育对策

千秋基业，人才为本。农业科技人才的缺失或者非理性流动可能会加剧区域内的教育资源和人力资本积累不够或者过剩及区域发展不平衡的差异，因此应采取一些措施来培育农业科技人才并抑制非理性的高层次农业科技人才流动。

1. 完善农业科技人才成长的教育体系

教育是任何国家发展和繁荣的最重要的事情，教育塑造品格和提升个人智慧，它还为每个人提供了才能和动力。

（1）改善乡村办学条件

增加乡村教育投资，改善办学条件是首要问题。改革开放以来，义务教育阶段资源配置水平、基础设施条件持续提高和改善，立足新时代的教育要求，满足农业科技人才成长的需求，在保障基础设施、补齐短板的基础上更加注重改善办学条件，以均衡化、优质化的要求为建设人才强国打下坚实的基础。

（2）大力发展面向乡村的职业教育

乡村职业教育是以市、县政府为领导，在县级以下级别地域开办的以增进教育对象农业知识与技能的各级各类培训学校、培训机构，其作为乡村社会、经济发展的重要组成部分，以乡村振兴战略为机遇，并适应时代的要求大力发展，以便更好地服务乡村振兴战略。乡村职业教育要面向广大农民，适应农民的发展需求，可与成人教育共同发展。要推进教育资源普惠共享，优先发展乡村教育事业，加快建立以城代乡，整体推进城乡一体均衡发展的义务教育发展权利。努力让每一个乡村孩子享受到公平而有质量的教育，统筹配置城乡教师资源，通过稳定提高待遇等措施，增加吸引力和自豪感，用好网络信息技术，发展远程教育，推动优质教育城乡共享。为培育农业一线技术人才创造条件，增强为"农"服务意识，加大投入，推进乡村人才培育工作，提高对乡村经济发展的贡献率。

发展乡村职业教育，促进农业科技人才就业创业，乡村职业教育是乡村大批专业技术人才的摇篮，在发展乡村振兴战略过程中必大有可为，也势必会大有作为。

（3）推进高校农业科技人才培育提质升级

全面提升高校农业科技人才综合素质、创新能力，推动高校农业科技人才扎根基层、服务"三农"，能够为乡村振兴战略提供人才支撑、科研支撑、理论支撑，进而深化高校农业科技人才体系和乡村振兴高度融合，为促进农业科技创新、人才培养、技术供给、转型升级提供重要力量。

推动高校人才提质升级，一要让高校成为科学研究主要力量。将高校打造成为组织承担重大科研项目的重要引擎和提供乡村振兴战略理论支撑的高端基地，支持高校同政府、企业间的联合，提高产学研协同创新机制。建设功能完备、可持续发展的乡村振兴服务基地，为人才发展提供实践机会和支撑平台，让农业科技人才在推动农业全产业链改造升级、促进农业产业提高生产经营效率和提升产量品质的过程中得到历练。二要多渠道培养专业人才。让高校不光能派送农业科技人才为乡村振兴提供科技支持，还能根据乡村需求状况，为当地创业青年、技术骨干、职业农民搭建教育培训平台，促进基层人员技能和素质的提升。让高校科研技术、人才资源同精准扶贫计划有效对接，通过直接参与，为脱贫工作提供科技支撑和人才支持，让农业科技人才切实履行好应尽的社会责任。三要开展成果推广转化。农业科技成果价值的高低，体现在能否带动农业产业高效发展，通过校地企间的农业产业项目合作建立示范基地，以合作研发、转让授权等多种形式，鼓励高校师生创业，允许科研人员将科技成果转化为经济效益，从而激励农业科技人才技术创新的积极性，让他们有动力去提高农业产业发展核心技术，引导农业现代化发展，促进绿色生态农业形成，在解决制约发展的核心问题中，发挥至关重要的作用。四要加强国际合作。提高国际的交流合作，通过科研交流、人才引进、出国考察，以多种方式、多种渠道获取国际上先进的农业科技资源，缩小我国农业科技同世界强国的差距，加快培养出一批具有国际视野和水平的顶尖农业科技人才。五要做好保障措施。各地主管部门应做好资源统筹工作，为农业科技创新项目、人才培养、考核激励、成果转化提供政策支持，让农业科技人才发展无后顾之忧。

（4）推进涉农院校与企业合作

实施"校企合作"。"校企合作"具有社会、学院和企业互补优势的作用，有助于合理使用资源。在"校企合作"过程中，企业资源可以为实践教学阶段提供强有力的支持和服务，如专业实践、社会实践和毕业设计等。企业在职实践可以帮助学生开阔视野，发展专业能力，提高职业能力。它可以进一步使大学生认识到市场经济规律，更好地培养大学生的使命感和社会责任感。"校企合作"合理结合高校、企业等市场主体和全方位人才培养，动态组装，打破传统封闭式大学教育模式，建立涉及企业和学生整体参与的开放式实践教学体系。最终实现学校、企业和社会优势互补和资源共享的目标，发展高等教育具有重要意义。

2. 依托农业科技创新平台培育科技人才

通过打造一批农业科技推广共同体，结合地方性知识，因地制宜，并实现在共同体内部协商、沟通和认同，以期合理地运用农业科技，大力培育农业科技人才。

（1）依托农业科技园区培育人才

农业科技园区是农业科技的前沿，其围绕乡村振兴战略，以展现现代农业技术为目标，是农业科技研发、创新、成果转化、组装集成、推广、示范等的主要平台，以培训新型职业农民为主攻方向，扩展了农业科技人才的培训功能，激活人才链。国家政策支持施行"三区"人才支持计划、科技人员专项计划，以提升本土农业科技人才和乡村科技人才的能力，提升贫困地区科技服务水平，带动农业科技人才成长，充分发挥其积极作用。依照国家人才强国战略要求，创新引进、培养、留住、激励人才机制，聚集农业科技领军人才、青年科技人才、新型职业农民、紧缺科技人才等创新科技团队，促进人才智力共享，组建一支农业科技知识素养优良、科技资源配置结构合理的农业科技人才队伍，为乡村振兴战略提供有力的智力支撑。引进高品质科技人才，结合本土人才，共同发挥科技作用，避免走回传统农业老路，应走出适合科技园发展的创新道路，有条件的园区建立创业服务中心和科技孵化器，以此管理人才并创新引进培育机制，提高企业农业科技人才的创新率，进而培养更多的农业科技企业。

（2）建立农业科技创新联盟培育人才

农业科技资源的有效配置离不开农业科技创新联盟，国家级农业科研机构侧重于前沿基础理论研究和全局性、共性关键技术研究及国家农业科技基础性工作等，培养国际高端农业科技人才。省级农业科研机构注重本行政区域农业科技领域关键共性技术的研究和集成创新工作及农业科技成果的转化，培养一批农业基础研究人才和高层次科技人才。地级农业科研机构着重对农业科技创新的中间技术、产品开展中试、集成、示范与转化，以及技术推广、培训服务工作，培养农业科技推广人才、实用人才、农业科技普及人才等。随着联盟在全国影响力的逐渐增加，以联盟的名义呼吁广大农业科技人才加入，加强了对农业科技人才队伍的培养。扩大联盟成员的同时，广泛吸纳农业科研院所、涉农科研企业、推广部门人才。各级联盟之间互相支持人才团队的构建，使人才资源得到最大化利用，互帮互助，构建各具特色的农业科技。

（3）打造乡村振兴科技引领示范村（镇）培育人才

科技引领示范村（镇）是用科技作为先导力量、以优质的农业科技项目作为基础、用示范村（镇）作为平台、借用科技示范和农业科技人才作为传播途径，最终达到科技示范户致富的目的，为推动新乡村建设、振兴乡村奠定基础。

建立乡村产业升级发展示范村，如杨凌农业高新技术产业示范区作为我国第一个国家级农业高新技术产业示范区，是农业科技创新推广的核心区和现代农业发展的特色区，在乡村振兴战略中起到了绝对的示范作用。

建立农业绿色发展示范村，农业绿色发展示范村是农业可持续发展的先行区，是绿色农业大力发展的平台。秉持着"绿水青山就是金山银山"的绿色理念，在示范村（镇）推行绿色生产生活方式，政策体系以绿色生态为导向，实现生产、生活、生态共同发展。

建立乡村产业兴旺示范村，产业兴旺是乡村振兴战略的经济基础和主抓手，必须抓紧抓实。以优势特色农业为主，推动区域产业三产融合，导向由增产转提质，打造一批产业特色鲜明、设施装备先进、生产方式绿色、经济效益显著、辐射带动有力的现代农业科技引领示范村（镇）。

建立质量效应竞争力提升示范村，打造一批与当地农业资源配置和发展主流方向深度融合的创新驱动增长点，推动形成一批综合竞争力显著、质量效益同步提升、生态环境优美、产业功能多元、文化内涵丰富、农民收入明显增加、科技支撑保障有力的科技引领示范村（镇）。

（4）建设农业科技资源开放共享与服务平台培育人才

充分发挥重要公共科技资源优势，推动面向科技界开放共享，整合和完善科技资源共享服务平台。现代化农业技术服务平台可以整合汇聚各种农业资源和实用人才，聚焦新型种植业和广大农民的生产经营需要，完善现代农业产业体系、强化农业科技和人才支撑、改善农业基础设施和装备条件。

3.创新农业科技人才评估内容与方法

评估农业科技人才开发效果，是推进乡村振兴工作高质高量进行的有效手段。通过对农业科技人才开发效果的评估，可以了解农业科技项目的实施情况，并且随时调整农业科技人才的开发策略，以达到实施乡村振兴战略的效果最优化。

（1）评估内容创新

对人才本身进行评估，如对其所在农业领域中最前沿科技信息的了解，了解其农业科技知识和技能储备；对于研究人才来说，尤其侧重于科技创新成果与社会实践能力及论文发表、文献查阅能力。另外，结合当地农业资源优势，调查他们对于农业知识的熟悉程度，对开发方法、过程、结果、培训师、组织与管理制度或者是整体项目的意见。对乡村基础情况了解越深刻，才会在实施振兴战略的过程中越小心。调查选用问卷调查或者走访调查，针对农民所关注和急需解决的农业技术问题，确定学习的目标、培训的内容，之后聘请一位了解乡村、熟悉农业、贴近农民并具有一定资质和丰富实践经验的农业专家作为培训师，编制发放培训手册。注重以学徒的身份参与乡村振兴建设，以协调人的主体关系参与协商民主过程，把握尺度。

（2）完善评估方法

增加农业科技实用推广人才数量，并增加农业科技产业的产出，是农业科技项目转化为经济成果的量化指标。这能带动农业产业升级，加快乡村经济发展，促进农民增加收入、提高就业率、增强农业科技接受能力等。然后将结果评估上升到组织的高度，即农业企业、农业科技中心等是否因为此次培训而使工作绩效得到较大改善，这可以通过一些指标来衡量，如农企员工流动率，农业科技人才的工作效率、工作质量等。通过组织指标分析，培训实施者及政府能够了解培训带来的收益，为管理者决策提供所需的信息内容，并为后续培训决策提供参考依据。另外，鼓励广大推广人才申报农业专业技术职称，如正高级农业技术推广研究员。在充分考虑到农业人才职业特点的基础上，扩宽晋升渠道，国家改革职称评定制度，将评定权力下放，因此有关政府、单位、企业可以在培训结束后，及时开展一项评定项目，以此鼓励基层人才重视培训、参与培训，确保培训有成效。

在乡村振兴战略实施的大背景下，对农业科技人才开发效果进行评估可以有效地鉴别人才类型，实施人才分流，从而挑选出振兴乡村最适合的人才，做到因事择人、人职匹配。还可以预测出农业科技人才在将来工作岗位上的表现，使团队成员之间的素质匹配合理，为整个农业科研团队人员的配置提供参考。还可开发科技人才的潜力，有助于自我认识和发展，使其在建设乡村工作中最大限度地发挥出个人潜能。同时，激励人才发挥所长、激发工作热情，人尽其才，才尽其用，为乡村振兴战略创造更多的动力。此外，也有助于管理者顺利开展工作，人才开发效果评估可以帮助管理者迅速了解农业科技人才实际能力和未来发展潜力，为培训提供诊断性信息，为农业项目顺利实施提供依据，为乡村振兴战略实施贡献力量。

农业科技人才培育是培育者在社会经济发展的需求背景下，对农业科技人才将要达到一定的能力水平组织规范的过程。要使实施过程顺利，达成预期效果，就要坚持唯物主义的认识论，用辩证统一的观点看待农业科技人才的培育。

①用全面的观点看待农业科技人才支撑乡村振兴

人才培育虽有制度为依据，但也不可避免会遗漏。要尽可能全面地考虑实际情况，从不同角度、不同侧面，并采用多种科学方法来培育农业科技人才，广泛了解其需求、能力，准确判断对策实施过程，对人才支撑研究的各个指标进行综合分析，主次清晰，防止以偏概全。

另外，全面看待乡村振兴战略，不仅仅用"有"或者"无"来判断战略实施的结果，全程要明确总目标、落实总要求、坚持总方针，并准确把握人才发展乡村理念，才是真正支撑乡村振兴。

②用历史的观点看待农业科技人才支撑乡村振兴

用历史的观点看待人才培育，不是非要用一时一刻去衡量结果。对农业科技人才进行评估，不仅要了解其科技成果转化的量化指标、经济发展指数及培训结束后的评定结果，还要用历史的观点了解其工作业绩、学识水平、思维方式、未来职业规划等。此外，农业科技人才培育要顺应农业历史发展的潮流并总结前人的历史经验，根据我国农业历史发展的客观规律，实事求是、审时度势、紧跟政策，做到突破历史。

③用发展的观点看待农业科技人才支撑乡村振兴

农业科技人才的培养是一个动态过程，非静止不变。辩证唯物主义认为，世界是由物质组成的，而物质是处在不断的运动、变化和发展之中，人是其中的重要组成部分，人也是处在不断的发展变化过程中。结合人才的全面发展，人才的培育要看到其本质和潜力，不用片面的评价指标去衡量人才，不止步于当前，用发展的眼光看待，着眼于农业科技人才未来的成绩与发展方向。从可持续发展的角度发掘、使用、培育人才，促进农业科技人才开拓创新，激发自我潜力。

随着时间的推移，乡村振兴战略也会随着经济发展、科技创新、环境的变动不断进行具体政策的调整。在执行和实施项目过程中，战略也会呈现出多种不同的形态，如一对一的点式战略、上下一体化的链式战略、农业创新科技的平台战略和有机生态战略。用发展的眼光看战略的多种形式，才能更好地振兴乡村。

第三节　加强乡村本土文化教育事业投入

一、强化和落实乡村教育振兴乡村的功能

（一）更新乡村教育发展理念，构建多样化人才培养目标

1.更新乡村教育发展观念

乡村振兴战略下乡村教育的发展，首先需要认识到乡村教育对于"乡村振兴"的优先战略地位，在乡村振兴战略规划的具体落实中，重视乡村教育的发展，注重乡村教育发展的要求和政策落到实处。在乡村振兴战略下，要坚持政策对乡村教育发展的导向性，坚定对乡村教育发展的定位，充分认识并肩负起乡村教育发展乡村社会的重要使命。要更新乡村教育的发展理念，充分挖掘乡村教育"为农服务"的功能，将乡村教育振兴乡村的作用落到实处。近代乡村学校自办学以来就一直重视"为农服务"这一特点，侧重乡村教育的社区服务功能，如传承乡风文明、文明治理乡村社区、改善乡村社区生活质量等功能。随着教育的不断改革，乡村教育的社区服务功能不断弱化，乡村教育改革出现全盘城市化倾向，因此当下现代化乡村教育的改革应侧重于重拾与强化乡村教育的社会功能，更新乡村教育的理念，走符合乡村社会实际、符合时代要求并不同于城市化道路的现代化乡村教育之路。乡村学校在完善和更新教育理念的基础上，为乡村学校注入

了现代化教育理念和现代化生活文化素养，这有助于乡村学校培养具备现代生活理念的学生，提高农民的文化水平，增强乡村与现代化社会的联系；同时，还引入了现代化的社会生活方式、生活观念、生活习俗，现代化的生活习俗与生活方式同传统的乡村习俗、乡土文化相融合，促进了传统乡村文化的发展，推动了传统乡村风俗的改良，引起传统乡村文化、乡村习俗的嬗变和农民现代化健康生活方式的养成，促进乡村治理体系的规范化和对乡村社会生活现代化的构建。

2.转变乡村学校办学模式、构建多样化的人才培养目标

乡村教育充分发挥乡村振兴的功能，需要调整农村学校原有的办学模式和办学理念，改变城乡统一的办学模式，重视乡村教育本土化和现代化的融合，改革和完善乡村学校的办学理念和人才培养目标，实现乡村学校培养目标的多元化探索。既要培育乡村少年养成健康的人格，又要兼顾学生升学；既要培育乡村少年的依乡、恋乡情结，为乡村建设培养适用性人才，又要兼顾学生作为现代公民应具备的基本公民素养，促进乡村学校培养目标的多元化，重视基础性和发展性并举的办学理念。第一，乡村教育的改革需要根据乡村社会发展实际调整乡村教育结构，制定符合需求的人才培养目标，将乡村教育与乡村建设发展相结合，实现乡村教育育人功能和社区需求有机结合。第二，乡村基础教育、成人教育、职业教育三者需要协调发展，各有侧重，不同类型的乡村教育应有不同的办学模式和机制。乡村基础教育立足于普及和提高并举的办学理念，为高一级的教育机构培养合格生源，同时也是培养多元化人才的基础和前提；乡村成人教育和职业教育倾向于区域特色性人才的培养，直接体现"为农服务"的教育职能，结合乡村实际、乡村特色，构建区域特色性课程体系，培养乡村建设所需要的职业型和技能型人才。第三，在三者协调发展、各有侧重的基础上，有一个共识，即强化乡村教育"服务乡村"的功能，与区域发展实际相结合的教育发展理念，乡村基础教育在普及与提高的过程中，同时注重乡土教材的开发与实施，向学生传承乡土文化，培育他们的恋乡、怀乡之情，使乡村少年饱含乡土情怀，加强乡村少年的精神文明建设。乡村成人教育

和职业教育需要在符合乡村建设需要的基础上调节课程结构，构建现代化的乡村职业教育体系。

（二）调整乡村学校课程知识结构，重视乡土教材的教授

1.调整现有乡村学校课程体系，强调基础性和乡土性教材并重

一方面，乡村基础教育作为基础教育的一部分，肩负着培养学生作为现代化公民所应必备的素质，传授基础性的知识和基本性的技能；另一方面，乡村教育作为乡村社会的重要组成部分，有自身的独特性和重要使命，在课程知识体系等方面应区别于城市教育。因此，乡村学校在保证基础性课程教授的前提下，要根据当地经济发展需要、文化特色、地区实际差异开发乡土教材，增添乡土知识。乡土教材的开发和乡土知识的传授，既增加了学校与乡村社会、课程与乡村生活的联系，又促进了学校对乡土文化的传承和发扬，对于培育乡村少年健康人格，同样具有重要的意义。在乡村基础教育的改革中，我们需要调整和改变现有乡村教育发展的固定思维，改变现有乡村学校办学思路。乡村学校的办学目的不仅仅要让孩子们走出去，更要让孩子们学有所成之后回归乡村，为乡村建设出力，传承乡土文化。我们需要增强乡村教育课程的适切性。一方面，要保障乡村青少年接受基本、合格的九年制义务教育，满足学生的升学之需，为更高一级的教育机构输送合格人才；另一方面，要根据乡村特色深入挖掘校本课程，开设校本课程，落实校本课程教学，为乡村振兴培养大批人才。强调乡土情怀、记忆联结，从小培养学生怀乡、恋乡的情结，使他们成人后致力于乡村建设事业，使他们获得自我认同感和成就感，寻得自己的文化之根、生命之根。

2.重点关注乡土教材的开设和具体落实

乡村学校注重乡土特色、乡村文化传承、记忆联结，不仅在于制定各种规范与政策，更在于政策落实与实施。在课程设置上，我国很早以前就实施了三级管理，校本课程的开发与实施也进行了很长一段时间，但课程落实不到位，乡村学校开设的乡土课程无人重视，乡村教育失去了自我认同和价值感，城市化、现代化的浪潮使乡土知识被排斥在乡村教育体制之外。当下的

主要任务是让人们意识到乡土教材的开设和乡土知识的传授对于乡村社会的发展、乡村少年健康人格的养成、乡村教育独特价值体系的建立的重要性，让人们从内心真实地感受到、认识到乡土知识的独特性和重要性。乡土知识的学习意味着什么，对于人们来说才是最重要的。它对于乡土文化的传承、对于培养孩子们的乡土情怀、乡愁情怀是无可取代的，乡土知识与乡土社会紧密联系，这种乡土文化对于乡村生活及生活秩序的构建有着不可取代的价值。乡土文化的传承和延续，除了环境熏陶和乡村习俗影响，最主要的方式就是乡土教材的开发与运用。乡土教材是传统乡土文化的主要载体，也是地方性课程开发的主要支柱。乡土教材的融入不仅有助于丰富乡村基础教育课程的内涵，优化乡村基础教育课程的结构，同时有助于凸显乡村教育的文化功能，传承和延续乡土文化，实现乡村教育的价值增值。

（三）重视乡村教育推进现代化乡村社会的重要性

1.促进传统乡风文化的传承和改良，传播现代化的乡村生活理念

乡村文化通过乡村教育的发扬，实现着自身的现代化；同时，乡村文化需要依托现代化的乡村教育来实现继承。乡村的文化现代化有赖于乡村教育的出力，乡村文化现代化反过来促进、实现乡村教育的现代化。乡村学校通过开设现代体育课、开展文明艺术性课程，不仅充实了乡村学校教学内容，丰富了学生的校园文化生活，有利于促进学生良好品德的形成和健全人格的发展，而且对乡村社会精神文明的建设起到引导作用，使民众获得了对现代社会的生活观念、休闲方式的认同与内化，为乡村营造良好的生活环境、形成良好的乡风文明提供基础。乡村学校的有效开办能逐步提高民众的道德文化水平，改良当地的风气、风俗，同时也有助于民众现代化的生活方式、休闲方式的构建。乡村学校所开展的文娱活动促使民众参与到乡村学校中来，同时使乡村学校与民众生活相联系，融入乡村社会中，这进一步加强了民众对现代化教育理念的认同。现代化的生活理念的内化，对于民众健全人格的塑造、民众健康生活方式的养成有积极的作用。乡村学校作为民众接触现代化社会观念的渠道，不仅初步探索了符合乡村的现代化教育道路，同时获得

了民众现代化的社会道德观念，推动了乡村社会的现代化建设，实现了乡村教育的现代化建设与乡村社会的现代化建设。

2. 促进现代化乡村治理体系的构建，实现法治与礼治相融合

乡村社会是礼治社会，礼治这一特性构成了维系乡村社会治理的重要机制。现代社会是契约型社会，这一特性指出守规矩、讲诚信是对每一个现代公民的最低要求。乡村的现代化建设同时要求乡村治理的现代化，在传统与现代的融合下，乡村社会治理方式、治理理念呈现出现代化趋势。在乡村治理现代化的进程中，乡村教育起着不可忽视的作用。现代化的治理理念具体到乡村教育中，体现在以下方面：一是乡村教育的教学内容中强调现代化的治理理念；二是乡村学校在组织管理方面的标准化、规范化，潜移默化地影响着学生对现代化治理理念的认同和内化；三是内隐于乡村学校校园文化中的现代化治理理念，校规、班规的规定等规范着学生的语言和行为，也有助于培养学生对现代化治理理念的认同。乡村生活、乡村社区的治理方式出现由礼治转向礼治与法治相结合的治理。乡村教育的组织管理呈现规范化、标准化的趋势，现代化的治理理念进入乡村，融入乡风、乡俗中，共同建设现代化乡村，确保乡村治理更有效、更切合乡村实际。现代化的治理理念正是通过乡村教师、学校教材、学校管理等方式影响乡村儿童，进而进入村民民众的日常生活，融于乡情、乡俗间。这有助于乡村现代化的社会价值理念的构建，进而改良乡村治理系统。

二、完善乡村教育投入管理体制

（一）增加乡村教育经费投入总量，加强乡村学校标准化建设

在阻碍乡村教育的发展和质量的提升方面，最主要的问题就是乡村教育经费投入总量偏少，不能满足当前乡村教育对经费的需求，导致乡村学校的标准化建设无法落到实处，乡村学校缺乏物质和硬件方面的投资。因此，我们应充分利用各种资源来增加乡村教育的经费投入总量，重视乡村学校的标准化建设，强调乡村学校硬件设备投入，实现乡村学校的物质和硬件方面的

最低保障，缩小城乡基础教育投入方面的差距，逐步解决乡村教育发展不充分的问题。

第一，在落实乡村义务教育"新机制"的投入体制的基础上，加大对贫困地区乡村教育的转移支持，实现对贫困地区乡村教育发展的帮扶和倾斜性支持，确保专项转移资金落到实处，注重资金去向的明晰化。"新机制"教育投入体制的具体落实要考虑到乡村社会发展的差异性和复杂性，政策落实过程中需要因地制宜。乡村振兴战略规划中指出我国乡村社会大致分为四类，即集聚提升类、城郊融合类、特色保护类及搬迁撤并类。这说明我国农村社会发展具有复杂性和多样性，对于政策的落实也应因地制宜，对于中西部贫困地区和特困地区，必须加大力度扶持乡村学校建设，加大乡村教育投资力度，重点关注和明晰乡村学校基本办学条件，具体细化到各个层面，大到学校的教学楼、宿舍楼、校园环境、操场、食堂、厕所等方面，小到桌椅、床位、板凳等方面，在满足基本办学条件的基础上加强乡村学校的标准化建设。

第二，充分调动社会力量，加强社会各界对乡村教育的关注，为乡村教育发展吸引大量投资。乡村教育的发展需要充分调动社会各方力量，我们在强调国家和各级政府加大对乡村教育投资力度的同时，也需要组织社会力量参与到乡村教育发展中来，为乡村教育的发展增加社会支持力度。社会各界的组织、团体或个人通过各种渠道关注乡村教育的发展，通过各种方式参与到乡村教育的建设中来。

第三，充分发挥乡村自身的作用，为本地区乡村教育的发展提供经费等方面的支持。乡村教育的发展和质量提升不能仅靠外部力量来支持，更需要充分调动和发挥乡村社会本身的力量来发展乡村教育，建设乡村学校。乡村社会的各级政府和有关部门应抓住国家对于乡村教育发展的倾向性政策，制定符合本地区发展的政策方针，跟随国家政策的导向，积极关注乡村教育的发展。对于社会生产力发展较好的乡村，更应该增加对其乡村学校的投资和关注，促进乡村教育和乡村社会生产力的共同发展。乡村社会中有能力和条件的团体与个人积极参与到乡村学校的建设中来，建立乡村学校奖学金和助学金体系，为乡村教育的发展贡献力量。

（二）完善乡村教育资源分配和使用的合理性

当前乡村教育发展面临着不平衡、不充分的局面，城乡教育发展差距扩大，除了量的投资方面存在差异，经费的合理配置和使用效益的不同也是城乡教育差距的因素。城市教育在资源配置方面较为全面、合理，在满足城市校园基本办学条件的基础上，着重加强了教育信息化、教师培训及学校管理方面的投资，城市教育资源的使用效益也不断得到加强，科学的资金管理体系和监督机制确保了教育资源使用的效益。这些措施不仅促进了城市学校量的提高，同时促进城市学校办学水平有了质的提升。相应的，乡村教育投资管理体制方面需要完善乡村教育资源配置的合理性。乡村学校的建设，在保障学校基本办学条件、满足学校对硬件设备需要的基础上，应重点关注乡村学校教育信息化和现代化技术的投入、加强学校管理的投入、加强教师培训，建立和健全适合乡村教育规范化、科学化的教师培训体系。在基础教育信息化推进的过程中，首先是缩小地区之间和学校之间在基础设施、硬件设备方面的差距，实现教育资源配置的均衡化；其次是通过信息技术提高教学效率，填补因教师数量和结构短缺造成的课程空缺和短板，提升整体的教育质量，从而缩小地区之间和学校之间教育质量的差距。

三、加强乡村教师队伍建设

（一）构建科学的教师治理制度体系和学校文化

一支量足质优的乡村教师队伍，是保障乡村教育良好发展的核心要素，也是发展优质教育的关键所在。目前，乡村教师队伍总量不足、质量不高，这需要学校构建整套教师治理的制度体系和学校文化。一是严格掌控教师招聘流程，确保教师的基本质量。注重教师专业知识的掌握程度、课堂教学的实践能力，以及教师基本职业道德等综合能力。二是重视教师的在职培养，加强教师职业性的提升。学校要针对新入职教师建立教师职业规划，密切关注教师的职业成长，重视规划的落实和实际效果；教学管理团队要不定期进行听课、评课，指出教师的不足并及时加以改善，培养学生满意的好教师；

实行优秀资深教师带新教师的"老带新"帮扶制度，老教师通过"帮"使新教师尽快成长。三是加强校际教师的学习和交流。定期带全体教师外出考察学习，体会名校的管理和教学水平；分学科组织专业老师去名校观摩听课，回校后召开座谈会汇报学习心得；选送老师到知名高校进行半年以内的专业提升培训。四是关注教师的生活和情感方面，做到"情感留人"。学校管理团队经常深入教学一线、工作一线，与教师广泛接触，倾听意见和建议，让情感管理成为教师自觉接受制度管理的内驱力；学校管理者要对教师真正施以关爱，自觉为教师服务，不断为教师排忧解压，不断完善各种制度，从制度的实施到学校文化的形成，让教师体会到学校的温暖、关爱与情感，从而使他们慢慢产生情感溢出效应，激发出努力工作的动力。

（二）加强乡村教师队伍建设倾向性政策的具体落实

乡村振兴战略下乡村教育的发展处于优先地位，乡村教师的发展和质量提升也是重中之重。乡村振兴战略规划中明确指出要优先发展乡村教育，落实好新乡村建设时期关于乡村教师建设的针对性措施，提高乡村教师数量，提升乡村教师队伍的整体质量和素质，建设稳定的乡村教师队伍。因此，我们在新时代进行乡村教师队伍的建设时，在加强乡村教师政策倾向性的同时，更要重视政策落实的实际效果。我国的乡村社会具有很大的差异性和复杂性，对于乡村教师队伍建设的一系列倾向性措施也应该按照因地制宜的原则，从乡村地区和乡村学校的实际和基层出发，关注倾向性政策在具体落实中的实际效果和可能出现的问题，切实提高乡村教师的质量。一是落实好乡村教师支持计划，完善计划的运行机制，从实地和基层出发，充分发挥乡村教师支持计划对于乡村教师队伍建设的作用。二是继续实施乡村义务教育学校教师特设岗位计划，加强乡村学校紧缺学科教师培训，增强乡村教师的专业性，关注乡村教师整体素质的提升和专业性建设。三是落实乡村教师生活补助政策，建好建强乡村教师队伍。

（三）重视乡村教师综合素质的培养和培育

乡村教育的价值取向和定位决定了乡村教师应具备怎样的素质。在乡村振兴战略下乡村教育的价值体现在多方面,既要为国家培养具备基本素质的现代公民,又要培育乡村少年的乡土情结,加强乡村少年与乡土文化的联结,关注乡村少年健康人格的养成;既要肩负起发展义务教育的使命,又要充分发挥乡村教育的乡村振兴功能,传播现代化的乡村社会生活理念和方式、构建乡村现代化治理体系、传承与改良传统乡土文化,实现乡村教育育人功能和乡村社会发展功能的充分发挥。因此,乡村教师队伍建设不仅需要关注教师数量的提升和队伍的稳定,更需要关注乡村教师素质的选择和培育。乡村社会与文化的独特性、乡村教育的价值性要求我们必须关注乡村教师素质和质量的选择,明确乡村教师素质的要求和含义,选择具有乡土情怀、对乡村充满热爱之情、关注孩子们完整成长的教师任教。

乡村教师的发展和队伍建设不能仅仅依靠倾向性政策和城市教育的扶持,我们在依靠外来力量支持和发展乡村教育的同时,需要重视发挥乡村教育和乡村社会自身的力量,加强乡村教育的自身吸引力,鼓励乡村少年未来投身于乡村教师行业,为乡村教育的发展和乡村振兴出一份力。这需要我们发挥乡村基础教育的力量,从小注重孩子们乡情、乡愁情怀的培养。乡村基础教育承载着传播与传承乡土情怀、乡愁情怀的重要使命,起到了记忆联结的作用。乡村基础教育向孩子们传输乡土情怀,使孩子们记住乡愁、忆乡愁。乡村基础教育区别于城市教育,侧重培养孩子们的乡土情怀,使孩子们致力未来从事乡村教师行业,致力发展乡村教育事业。乡村教师的乡情、乡愁情怀使得教师与乡村社区生活联结在一起,使教师群体与村民群体形成合力,共同发展乡村事业来振兴乡村,充分发挥乡村教育的乡村社会功能,使乡村教育成为乡村振兴的基础与根本。

第六章　基于地域文化的乡村治理

第一节　地域文化融入乡村治理

一、地域文化在乡村治理中的作用

（一）乡村社会矛盾的整合作用

在乡村治理的实际过程中，对乡村社会关系进行整合及优化的首要任务就是化解矛盾冲突。用原来的行政手段和法律手段对乡村社会矛盾进行消解和融合稍显强硬，而且需要极高的治理艺术才能够将矛盾进行和谐的处理，稍有不慎会造成更大的矛盾冲突。地域文化产生并服务于农耕社会，具有很强的认同感，利用地域文化区域性突出、约束力强、作用持久的特点，引入文化手段处理乡村社会矛盾无疑是一条更合适的路径。但是，地域文化发挥整合社会矛盾的功能同样不能靠行政和法律等强制性手段，只有三者默契配合，才能够在乡村实际工作成长中取得最好的治理效果。

（二）乡村社会建设的促进作用

中国地域文化资源丰富，无论是物质文化、精神文化、制度文化，还是行为文化，都能够在乡村治理的实际过程中发挥很大的作用。以地域文化作为产业进行开发，大力发展文化事业，通过社会效益和经济效益的双赢能够加快推进乡村经济建设；地域文化中的民俗习惯、乡规民约、非正式组织等行为文化和制度文化都是对政治制度的良好补充，利用地域文化对村民的约束力，能够促进乡村社会更加和谐稳定；地域文化本身具有的文化特征使其成为治理工具的良好助力，将地域文化进行充分挖掘并注入现代因素，能够帮助农民培育健康的文化心理及积极向上的生产生活方式。

（三）乡村社会价值的完善作用

地域文化虽然植根于乡村，但是源头是中国的优秀传统文化，内容更是涵盖了物质、精神、行为、制度等多个方面，是中华文明的瑰宝。在城镇化进程加快的过程中，不可否认地域文化经受外来文化、城市文化较大的冲击和影响，但是地域文化仍以其贴近乡土的本质，屹立于人们的思想体系中，焕发着独有的风采。优秀的地域文化正在以一种不可替代的存在，悄然地影响我国整个文化体系的构建。随着大批农民进入城市、扎根城市，优秀的传统文化也被携带到城市扎根、生长并且影响着人们生活的方方面面。透过生活中的规章制度、乡规民约、市民公约等都能够发现地域文化的影子。优秀的地域文化在培育、弘扬、发展社会主义核心价值观方面具有举足轻重的作用。

二、地域文化在乡村治理中的局限

任何一种文化都是在人类社会历史发展的过程中形成的，具有鲜明的民族性和时代性，特定时代下产生的文化随着时代的变迁并不能完全适用于新时代、新情况的需要。尤其是在历史发展过程中沉淀下来的地域文化，其中蕴含的一些保守、落后的传统思想文化，在稳定的小农经济的影响下已经根深蒂固，使得在这种环境下生活的农民总是习惯性用保守的眼光去看待周围的世界，这在某种程度上阻碍了乡村的进步和发展。

（一）地域文化作用范围的局限

虽然地域文化中的地域物质文化、规范文化、表现文化在乡村治理中能够被利用，并且产生了比较好的治理效果，但是这种文化能够产生作用的范围却并非遍及各个领域。

此外，乡规民约是由群众自发形成并得到广泛认可的行为规则，是中国传统文化的精髓。乡规民约因其道德约束和文化教化功能，在乡村人心中是覆盖面很广的"土法规"。乡规民约出自乡里民间，是农民根据自己本土文化传统、自然条件和现实利益制定的，其中体现了很强的实用理性，但是有些乡规民约在制定和实施的过程中却因为不同主体利益诉求的冲突而导致实际发挥的作用大打折扣。目前，乡村实用的乡规民约大致分为成文规定的乡规民约、非成文规定的乡规民约。由民政部门指导监督制定的乡规民约，在形式上比较规范，内容也比较完整，但是在某些程度上不符合村民的自然需求，体现出政府对村民的管理及政治目标的设计上。这种带有建构性的乡规民约不符合村民的习惯，缺乏应有的生机与活力。

（二）城镇化进程中出现的乡村文化困境

改革开放以来，村庄原有主导的文化精神被消解，文化选择和文化行为的多样化反而使得原有的乡村文化难以发挥对农民的精神依托和文化支撑的功能，由此形成了文化认同危机。中国传统文化的本质是农业文化，基于守旧形式的地域文化一旦固化于农民的思维习惯与生活方式，始以家族、宗族等基本单元活动的群体就暴露出斤斤计较的小农意识，且乡村文化正在遭受着工业文明、城市文明的冲击，地域文化和城市文化在乡村的土壤中渗透共生，共同影响着乡村的生活方式及价值取向的选择。随着近年来农民工进城的热潮，许多乡村出现空心化，文化失去依附的载体将无法生存，原有的社会秩序和管理规范也相继失效。乡村文化困境问题映射了我国在城市化进程的推进中，诸多经济、社会问题和文明的演进等交织在一起错综复杂的局面。乡村文化困境问题如果得不到切实的解决，农民文化将陷入主体迷茫的精神困惑中，失去原有的价值规范支撑。这样的话，不仅不利于现代化背景下民族精神的培育，也不利于我国文化软实力的有效提升。

三、推动地域文化在乡村治理中发挥作用的建议

（一）继续发挥地方政府在乡村治理中的主导作用

在我国乡村地区，地方政府在改变乡村落后面貌、促进乡村经济发展、加强社会管理、维护社会稳定等方面都有着不可或缺的作用。在新时代背景下，地方政府的管理也需要借助地域文化的力量使得乡村治理工作更加人性化和民主化。

1. 从战略高度为地域文化参与乡村治理提供科学规划

乡村治理是一项复杂的系统工程，必须有步骤、有计划、有重点地在乡村生活的各个方面推进治理工作。要按照推进乡村治理现代化的要求去指导乡村治理，合理规划每个方面的具体目标。虽然我国乡村区域十分广阔，存在着发展不平衡和各地风土民情文化差异较大的情况，但是只要各地地方政府在开展乡村治理工作时，充分尊重自然规律、社会发展规律和经济规律的基础，科学地制定本地区的治理目标，并且能够从实际情况和现有条件出发，充分利用当地的地域文化资源，实施稳妥的治理步骤，就一定能够发挥地域文化在乡村治理中的治理效果。科学合理的规划是有效治理的前提，规划是行动的指南，只有做到"知行合一"，才能更好地实现目标。

2. 从宏观角度为地域文化参与乡村治理提供政策保障

乡村治理问题是关系到社会发展和国家稳定的大问题，直接关系到我国新乡村建设的进程及伟大复兴中国梦的实现。发挥地域文化在乡村治理中的作用需要继续加强地方政府的扶持力度，加强对乡村公共文化基础设施的建设。加强地域文化基础设施的建设来提升地域文化在乡村治理中的辐射能力，乡村公共文化基础设施的建设是保证农民展开文化活动的最基本的要求，是农民参与和享受精神文化生活最基础的保障；建立稳定的乡村文化保障机制形成完备的公共文化体系，来促进乡村公共文化事业的发展；加大对乡村公共文化产品的供给数量和种类，丰富村民的精神生活，满足村民的精神需求。这些举动都从制度上保证了地域文化能够有效地参与乡村治理，为地域文化参与乡村治理提供了政策上的保障。

3. 从统筹角度为地域文化参与乡村治理提供人才保障

地域文化人才是指地域文化创造活动的主体，也是发挥地域文化作用最活跃的因素。地域文化人才是一种宝贵的资源，在乡村治理取得有效成果及新乡村建设中占有重要地位。地域文化人才队伍的建设不仅关系到优秀传统农耕文化的传承与创新，还影响着乡村的文化建设及农民的精神生活满足程度。现实中地域文化人才队伍整体素质不高，人员的专业知识结构不合理及缺少创新性等问题限制了地域文化在乡村治理中作用的发挥。地方政府应该采取措施，加强对地域文化人才的培训，有目的、有计划地提升地域文化人才的能力水平。通过政策积极扶持地域文化人才，激发起地域文化人才的创作热情，创造出更多的文化精品。地域文化人才队伍的建设能够为传承优秀的地域文化提供需要的人才，而且在稳定乡村社会、促进和谐稳定及乡村公益事业的进步等方面都有着重要的影响。

（二）积极培育发展乡村民间文化组织

所谓"乡村民间组织"是指农民在不以营利为目的，坚持自愿参与的前提下，以自我服务为原则进行自我管理的社会组织。乡村民间组织是农民群众进行自我教育、传播科学技术、加强精神文明建设的场所，通过多向维度的合作能够降低政府直接控制乡村所花费的成本，又能够使得乡村社会内部充满活力，促进整个乡村多元治理机制的形成。按照组织服务的内容不同，在我国乡村中普遍存在的民间组织有三类，即政治管理类民间组织、经济互助合作类民间组织及社会服务与乡村民间文化组织。乡村民间文化组织是指那些为了满足农民的文化生活需要而建立起来的诸如乡村歌舞、书法等传统艺术领域类的民间组织，这些组织的存在对于发挥地域文化在乡村治理中的作用有着重要影响。地域文化借助乡村民间文化组织作为载体，除了能够满足成员的自身文化娱乐需求，在乡村治理过程中同样发挥着不可替代的作用，具体如下。

1. 乡村民间文化组织的凝聚功能

文化本身就具有凝聚功能，社会网络理论认为，组织中因某些共同的目标、利益与期望，成员保持着一定的互动，因此比组织外的人更具有团结感，更能互相认同。乡村民间文化组织因其具有"农享""农有""农治"的特性，既可以增进村民之间的亲密感和归属感，又可以培养村民的责任感。成员在参与文化组织活动的过程中不仅享受地域文化带来的共鸣，提高自身对乡村社区的责任感，而且借助组织的良好氛围更能增强整个乡村社区的团结与和谐。

2. 乡村民间文化组织的训练功能

民间文化组织为村民提供了一个能够让不同村民相互交流和学习的场所。村民通过在组织内的学习促进村民智慧和才艺的相互借用和分享，从而实现自身和文化的共同发展。这种在某种程度上起到培训作用的民间文化组织，既促进了优秀文化技艺的传播和发展，无形中也促进了村民之间友谊的升华。

3. 乡村民间文化组织的道德教化功能

乡村民间文化组织通过组织并带动群众参与文化活动，将好的文化果实传播给村民，能够对村民思想的提高造成潜移默化的影响。村民通过参与活动加深彼此之间的沟通和交流，增强对人情世故的认知和了解，开阔视野，形成积极向上的思想意识和乐观的生活态度。乡村民间文化组织贴近群众生活，利用其生长在乡村土壤中的特性，通过寓教于乐的方式陶冶村民的情操，从而衍生出"移风易俗"的道德力量。

4. 乡村民间文化组织丰富乡村生活的功能

乡村民间文化组织通过运用才艺表演及庆祝各种民俗活动等形式极大地丰富了村民的精神生活，使他们能够在现代文化活动中感受时代进步带来的获得感，在传统文化中重温古老的岁月，唤醒他们对地域文化的共同记忆，引发心灵的归属感。通过多种途径提供的信息文化资源，开阔村民的视野，提高村民的文化素质，丰富农民的精神世界。民间组织通过满足村民多方面、多层次、多样化的文化需求，提高村民的幸福感和满足感，让整个乡村充满生机和活力。

总之，乡村民间文化组织各种作用的发挥，不仅凸显了地域文化在乡村治理中的价值，还说明地域文化借助乡村民间文化组织带动村民的这种方式在乡村治理中的不可替代性。政府要加大扶持乡村民间文化组织的力度，为乡村民间文化组织的发展提供良好的政策环境和发展空间，使乡村民间文化组织成为乡村治理的得力助手和乡村发展新的亮点。

第二节 完善乡村治理结构

一、加强乡风文明建设

（一）乡风文明的内涵和建设意义

1. 乡风文明的内涵

乡风文明是人们在日常的物质生活和精神生活中形成的传统美德和良好的文明习惯。要准确理解乡风文明，我们就要先从文化与文明谈起。

（1）乡村文化的内涵

一般来说，乡村文化有广义和狭义之分。广义的乡村文化是指农民世世代代、生生不息共同创造的精神财富，是农民赖以生存和发展的物质和精神基础。狭义的乡村文化是指在一定的社会经济条件下形成的以农民为载体的文化，它是农民的文化水平、思想观念及在漫长的农耕实践中形成并积淀下来的认知方式、思维模式、价值观念、情感状态、处世态度、人生追求、生活方式等深层心理结构的反映，它表达的是农民心灵的世界、人格特征及文明开化程度。

（2）乡村文化的特点

①乡土性

对于聚族而居的中国农民，村落是他们的生产场所，他们通过耕种一定范围的土地获取生存资源，并且围绕着耕种的特点和季节性进行劳作。同时，村落也是他们的一种社会环境，在他们自己的乡村中，有熟悉的同族、亲戚和邻里，有密切的社会交往关系，这样就形成了农民和家乡、土地难以割舍的情结。

②平均主义与满足感

"平均"一直是中国农民追求的理想状态，"不患寡而患不均，不患贫而患不安"。正如马克斯•韦伯（Max Weber）说的那样，旧时的农民已是"颐享天年、寿终正寝"，因为他们是处在生命的生物周期之中，到他们的垂暮之年，生活已把自身的一切意义都给予了他们，不再存在任何他们还想解开的谜，所以他们可以对生活感到满足。在那样的社会中，没有丰富多样的文化潮流冲击，他们自认为该经历的都经历了，该享受的都享受了，所以对生活充满了满足感。

（3）乡风文明建设

乡风就是乡土风俗，是人们在日常的物质生活和精神生活中形成的习惯。目前，在乡村中许多富于道德情感的淳朴的文明乡土民俗依然存在。

文化有其自身发展的规律，文化需要人们去创造、促进和建设，只有这样，才能更好地发挥文化的凝聚、整合、同化、规范社会群体行为和心理等功能和作用，促进文化的进步和发展。文化建设就是人们自觉地、主动地、有目的地去推进文化变化发展的具体行为和过程。为了更好地维护和弘扬传统文明乡风，我们应该加强对广大农民进行有关传统美德的教育和优良文明乡风的教育。通过乡村乡风文明建设提高农民的综合文化素质，有效地促进乡村经济发展和社会进步，实现乡村物质文明、政治文明和精神文明协调发展，极大地推动社会主义新乡村建设和全面建成小康社会宏伟目标的实现。

2. 乡风文明建设的意义

目前，乡村文化发展的滞后日益阻碍乡村经济社会发展，加强乡风文明建设是乡村社会发展的迫切需要，是我国乡村现代化建设的政治保证、精神动力和智力支持。加强乡村文化建设对于促进乡村经济社会的可持续发展具有十分重要的意义。加强乡村文化建设是乡风文明建设的战略引导。

（1）加强乡村文化建设是促进乡村可持续发展的现实需要

乡村社会现代化建设既是经济增长和社会财富增长的过程，同时又是乡村精神文化建设的过程，是乡村经济与社会的协调发展和全面进步的过程。乡村社会现代化实际上就是农民现代化的过程，因为农民是乡村现代化建设的主体。因此，只有大力加强乡村文化建设，提高农民综合素质，培养新型农民，建设文明乡风，优化乡村社会人文环境，才能有效地保证乡村物质文明建设的持续、健康、快速发展，促进乡村物质文化与精神文化的协调发展、共同进步，有利于乡村及整个社会的稳定与发展，最终促进乡村可持续发展。

（2）加强乡村文化建设是顺应时代发展的要求

随着世界经济贸易的发展及科学技术的飞速进步，全球化日益成为世界历史发展的潮流。全球化不仅深刻地影响着世界的经济发展，而且也必将对各国的政治、文化产生重大而深远的影响。在全球化过程中，一方面，要使经济、政治、文化全球化和趋同化；另一方面，又必须保持生产方式、经济体制、政治体制、文化传统和民族特性的多元化和本土化。只有这样，全球化才能促进发达国家、发展中国家和地区的共同繁荣与进步，才能真正符合全人类的利益和发展。

在全球化的过程中，作为发展中国家，我们既要坚持中华文化的民族性，继承和发扬优秀的中华传统文化，又要正确处理好文化的时代性和世界性的关系，吸收世界先进文化，不断创新和发展民族文化。

我国是一个具有悠久农耕历史的农业国家，乡村文化是中华民族文化的重要组成部分。在全球化的背景下，为了继承优秀的传统文化及实现中华民族文化的创新和发展，我们必须顺应时代发展的要求，加强乡村文化建设，促进中华民族文化的发展和繁荣。

（3）加强乡村文化建设是创造和谐社会的战略要求

财富的增长与精神文明的失调，对社会产生的种种恶果是世界发展过程中留给我们的教训。从这个意义上讲，加强乡村文化建设是创建和谐社会的战略要求。

乡村文化是社会主义文化的重要组成部分，在我们这样一个农业人口众多的国家里，乡村文化水平影响着社会主义精神文明建设的进程，乡村文化建设是我们进行社会主义文化建设的主战场。乡村文化建设不但可以推动整个社会精神文明建设的发展，而且也能够有力地促进国民经济的发展和社会的稳定。因此，加强乡村文化建设是我国社会主义现代化建设的战略要求。

（二）乡风文明建设的特点和基本内容

1. 乡村乡风文明建设的特点

（1）继承性与创新性

文化是人类在特定的时代、特定的地区的物质生活状况、社会风俗习惯、社会精神面貌、社会意识形态和社会组织机构等的集合和凝结，是社会物质财富和精神财富的总和，同时人类文化的发展具有历史连续性和继承性。因此，发扬传统文化与文化的开拓创新是有机统一的，继承是创新的重要基础，创新是继承的必然要求。

目前，我国乡村依然保存着许多富于道德情感的淳朴的文明乡风民俗，在乡村的乡风文明建设中，我们既要从优秀的传统文化中吸取其精华，使之发扬光大，又要学习和借鉴一切先进文化，使乡村文化不断得到创新和发展。只有这样，才能适应新时期乡村社会发展的需要，更好地推动社会经济的发展和繁荣。

（2）多样性与地方性

我国地域辽阔、地理环境复杂、民族众多，从而使乡村文化呈现出多样性的特征。同时，我国乡村文化又极具地方特色，呈现出明显的差异性、民族性、地域性等特点。因此，我们建设社会主义新乡村的新型文化不可能采取"大一统"的模式，而应该坚持多样性和兼收并蓄的方针，同时又要尊重各地方的民族特色文化。

（3）主体性与实用性

乡村文化是在广大农民群众的长期社会实践中发展起来的，亿万农民群众及其社会实践是新乡村文化建设的主体和重要载体。在社会主义新乡村文化建设中，农民群众不但是新乡村文化的创造者，同时又是新文化的享有者。因此，在新乡村文化建设中，必须充分尊重和发挥广大农民群众的主体地位，充分发挥他们在新乡村文化建设过程中的积极性和主动性。

（4）开放性与先进性

文化一方面具有强烈的历史继承性，另一方面又具有明显的变迁性和时代性。尤其是随着现代社会经济的发展、科技的进步及信息传播的迅速发展，文化变迁越来越明显并呈加速态势，而且日益呈现出越来越开放的局面。因此在当代，乡村文化的建设要主动吸收和借鉴各种不同的文化思想和外来文化，兼收并蓄形成独特的富有时代性、开放性的新乡村文化。同时，乡村文化建设要始终坚持先进文化建设的方向，倡导健康文明新风尚。

大力弘扬以爱国主义为核心的民族精神和以改革创新为核心的时代精神，激发农民群众发扬艰苦奋斗、自力更生的传统美德，为建设社会主义新乡村提供强大的精神动力和思想保证。

2. 乡村乡风文明建设的基本内容

（1）培育新型农民与加强农民教育

无论是发展生产还是增加收入，无论是推动民主管理还是实现乡风文明，农民的素质都是最基本的条件。建设社会主义新乡村就是要解决农业、乡村和农民问题，特别是要解决好农民增收、农民权益问题，这是新乡村建设的基本出发点和最终归宿。因此，依托产业发展对农民开展农业实用技术培训和职业技能培训，同时积极引导和教育农民遵纪守法、提高修养、崇尚科学、移风易俗，使之成为"有文化、懂技术、会经营"的新型农民，为推进乡村产业结构调整，加快农业产业化进程，为增加农民收入提供智力支持和人才保障。这是新乡村建设最本质、最核心的内容，也是最为迫切的要求。

（2）加强农民思想道德建设

农民思想道德建设作为传统文化道德与当代中国社会发展状况的结合，是我国乡村乡风文明建设的重要内容。农民思想道德建设是乡村精神文明建设的核心内容和中心环节。

农民思想道德建设要从乡村和农民实际出发，要大力弘扬民族精神和时代精神，坚持不懈地进行党的基本理论、基本路线、基本纲领教育，进行爱国主义、集体主义、社会主义教育，进行正确的世界观、人生观、价值观教育，引导农民群众坚定走中国特色社会主义道路的理想信念。同时，引导农民群众发扬中华民族艰苦奋斗、自强不息的优良传统，以诚实守信为重点，积极倡导社会公德、职业道德、家庭美德。发扬与时俱进、改革创新的时代精神，增强发展意识、效率意识、竞争意识，推动实施公民道德建设工程，促进乡村形成团结互助、扶贫济困、平等友爱、融洽和谐的良好风尚。

（3）加快乡村科技发展

农业是乡村的主要产业，是农民收入的基本来源，建设现代农业对发展乡村经济和增加农民收入具有十分重要的意义。因此，农业的发展是促进我国"三农"问题解决的主要措施。在影响农业发展的因素中，科技的作用无疑是最大的。与农业科技的发展相对应，乡村发展中的人和物等其他的因素都是在此基础上所产生或是与此相关的，如科技的发展使得劳动者的素质提高、劳动对象的群体扩大，使得农业的规模经营生产、产业结构调整成为可能等。科技在促进农业发展的同时，也对农村和农民的发展产生巨大的作用。

（4）继承和创新乡村民俗文化

继承自己过去的优秀民俗文化传统，学习外来优秀民俗文化的有益成分，才能造就我们今天新的民俗文化。因此，正确认识处理好继承优秀文化传统与实现民俗文化创新的关系，大力提倡和推进文化创新，努力建设具有鲜明时代精神的当代新民俗，坚持对外开放与保持民族文化独立品格并行的关系，努力建设具有中国气派、中国风格的当代民俗文化，是摆在我们面前的艰巨任务。

（5）大力推进乡村文化建设

乡村文化体制的转换和建设，为社会主义新乡村文化建设提供了新动力和制度保障。乡村文化建设还要重视和培育内生机制。乡村文化建设是一项社会系统工程，只有齐抓共管，形成合力，才能改变目前的一些被动局面。

（三）乡风文明的建设路径

1. 乡风、家风、民风齐抓共管

（1）打造淳朴文明的良好乡风

乡风是指长期依托某乡村区域形成的一种共有的区域特色、思维方式及历史文化传统的乡村文化。随着乡村经济的发展和人们物质生活水平的提高，广大农民群众对精神文化有了更高、更多的需求。

文明乡风是实现农业乡村现代化的重要支撑。培育文明乡风，有利于营造宽松、文明、充满活力的经济发展环境，增强对各种生产要素的吸引力；有利于凝聚精气神，点燃干事创业的热情，增强农民群众团结一致、努力拼搏的信心。文明乡风是实现乡村和谐稳定的重要保证。文明乡风能优化乡村人文社会环境，激励人们崇德向善、孝老爱亲、爱国爱乡，促进社会和谐稳定。实践证明，培育文明乡风，有助于改变广大农民的精神风貌，使乡村更加充满生机活力；有助于促进社会公平正义，营造和谐有序的社会环境；有助于形成健康文明的生活理念和生活方式，促进人的全面发展。

（2）传承好家风，争做文明人

家风，简言之，就是一个家庭的传统和风气，或者说是家庭的文化氛围，通常是指一个家庭在长期发展过程中遵从优良传统、吸纳优秀文化而形成的，是指导家庭成员做人做事的价值观念和行为准则。家风作为一个家庭为人处世的价值标准，对乡风文明影响深远。

（3）抓民风建设，促乡风文明

厚养淳朴民风，能够促进乡风文明建设。要深入挖掘农耕文化蕴含的优秀思想观念、人文精神、道德规范。支持乡村地区优秀戏曲曲艺、民间文化等传承发展。建立文艺结对帮扶工作机制，深入开展文化惠民活动，持续推进移风易俗，弘扬时代新风。

总之，厚养淳朴民风，固然需要我们注重从乡村社会之外引入文明新风，但也要意识到，乡村社会自身蕴含着许多优秀传统文化。只要精心发现和用心开发，并加以创造性转化和创新性发展，乡村精神文明建设的空间将变得更加宽广。特别是由于这些传统文化一直栖身于乡村社会，长期存在于农民生活之中，因而从这些传统文化中培育出来的乡风，无疑与农民的相容性及其在乡村的生命力都更强。从古至今，中国素有"礼仪之邦"的美誉，因此开展必要的礼仪活动，不仅具有凝聚精神的功能，还能够规范人们的一言一行。要深入挖掘优秀传统农耕文化蕴含的思想观念、人文精神、道德规范，培育挖掘乡土文化人才，弘扬主旋律和社会正气，提高乡村社会文明程度，焕发乡村文明新气象。坚持惠民利民，在群众致富上重实效。严格落实便民服务室监管机制，对群众诉求和办理事项实行"一站式"服务，确保惠民政策的公平、公正落实。要推动乡村生态振兴，坚持绿色发展，加强乡村突出环境问题综合治理，完善乡村生活设施，打造农民安居乐业的美丽家园，让良好生态成为乡村振兴的支撑点。

2. 加强公共文化建设

乡村文化振兴，需要推动公共文化建设，以社会主义核心价值观为引领，深入挖掘优秀传统农耕文化蕴含的思想观念、人文精神、道德规范，培育挖掘乡土文化人才，弘扬主旋律和社会正气，改善农民精神风貌，提高乡村社会文明程度，焕发乡村文明新气象。"仓廪实而知礼节"，物质文明的进步需要精神文明同时跟上。实施乡村振兴战略，乡风文明不能落伍。而如何建设乡风文明，营造淳朴友善乡村文化，是新时代的新课题。

乡风文明本身就是中华优秀传统文化的重要组成部分，为弘扬中华优秀传统文化提供了一个传承载体。在中国传统的乡村治理中，形成了"皇权不下县"的社会治理结构，自古以来，乡村就是依靠传统道德观念、乡规民约自治系统进行治理的，形成很多道德教化，使乡风文明得到彰显。

（1）要加强乡村文化基础设施建设，不断丰富乡村公共文化活动

重视乡村社会文化基础设施建设，就需要着力推进乡村社会文化站、文化广场、农家书屋、农民体育健身、民俗博物馆、乡村文化综合服务中心等文化设施建设；还要将乡风文明建设与群众文化活动紧密结合起来，落实国家送戏下乡、送书下乡、送电影下乡等活动，不断丰富群众的文化

生活，推动乡风文明传播，将乡村建设成广大农民群众的精神家园、人文家园、和谐家园。丰富文化活动载体，弘扬乡村优秀传统文化，可以更好地满足人民群众日益增长的精神文化需求。乡村文化振兴的突破口在于，瞄准重点人群，聚焦突出问题，回应现实需求。乡村社会的重点人群是常年在村的老弱妇孺群体，也就是俗称的"三留守"人员。他们是乡村社会中相对弱势的群体，与外出务工经商的青壮年群体有着紧密的社会关联。他们有充分的闲暇，旺盛的文化生活需求，他们的精神面貌和文化生活质量直接关系到其他群体的生活品质乃至人生预期，并直接影响着乡村社会的文明程度。以他们为重点人群，乡村文化建设就有了实实在在的抓手和载体。

按照有规划、有标准、有硬件、有内容、有队伍的目标，健全农村公共文化服务体系，按照片区化建设的思路，统筹临近乡村资源，进一步推进乡村基层综合性文化服务中心建设，实现乡村公共文化服务全覆盖，不断提升服务效能，优化服务质量。深入推进文化惠民，积极打造文化服务品牌，公共文化资源向乡村倾斜，提供更多更好的乡村公共文化产品和服务。围绕乡村振兴战略，支持和鼓励相关题材的文艺创作，创造更多更好的弘扬时代旋律、反映农民心声、贴近乡村实际、贴近农民生活的优秀文艺作品，丰富农民的文化生活，提振农民群众的精神面貌。通过实施一系列公共文化建设工程，能够促进乡村文明程度的全面提升和各项事业的稳步推进。

（2）要以弘扬优秀传统文化为依托

优秀传统文化资源是培育文明乡风的土壤。要积极开展各种乡村文化节庆活动，打造特色乡村文化品牌，在保护传承的基础上，创造性转化、创新性发展，不断赋予优秀传统文化时代内涵、丰富表现形式；加强对优秀传统文化的整合利用，深入挖掘其中蕴含的优秀思想观念、人文精神、道德规范，充分发挥其在凝聚人心、教化群众、淳化民风中的重要作用；深入开展"我们的节日"主题活动，利用重要传统节日开展民俗文化活动，让人们在感受乡情中传承优秀文化、弘扬文明新风。乡村社会自身蕴含着许多优秀传统文化，只要精心发现和用心开发，并加以创造性转化和创新性发展，乡村精神文明建设的空间就能变得更加宽广。

（3）要突出文化共享，开展丰富的群众文化活动，打造乡村文化聚合体与乡风文明新引擎

我们要紧紧围绕"用文化养人，以道德育人"的主题，打造村级文化堡垒、精神文明建设高地。一是夯实"文化小康"建设硬件基础，突出"文化共享"理念。二是以丰富的文化活动浸润群众心田，有效促进优秀传统文化浸润心灵、涵养人的精神内涵。三是有机融入社会主义核心价值观宣传，围绕加强"中国梦"宣传教育、培育和践行社会主义核心价值观等主题，结合乡村资源与特色，绘制一批贴近生活、导向鲜明、新颖活泼、群众喜闻乐见的"美德文化墙"，使广大群众在潜移默化中得到熏陶，精神文化生活更加丰富多彩，在脱贫致富路上更有奔头。

文化作为一种基本、深沉、持久的力量，为乡村振兴战略提供了精神激励、智慧支持和道德滋养。持续培育和践行社会主义核心价值观，有利于传承弘扬乡村优秀传统文化、强化公共文化建设、走好乡村文化兴盛之路、不断提升农民的精神风貌和乡村社会文明程度。

3.传承中华优秀传统文化

（1）把优秀传统文化作为乡风文明之源

继承和发扬民族文化的优良传统，摒弃传统文化中消极落后的因素，适应经济社会发展，不断有所创新，并积极吸收城市文化乃至其他民族文化中的积极因素，以形成积极、健康、向上的社会风气和精神风貌。适应社会的发展要求，打造美丽乡村，乡风文明建设具有举足轻重的作用。乡风文明的本质是弘扬社会主义先进文化，保护和传承中华优秀传统乡土文化。乡风文明是乡村振兴的保障，要不断提升农民的思想道德素质和科学文化素质，提振精神风貌，不断提高乡村社会文明程度，着力培育文明乡风、良好家风、淳朴民风。

建设乡风文明既是乡村建设的重要内容，也是中国社会文明建设的重要基础；乡风文明不仅是反映农民对美好生活的需要，也是构建和谐社会和实

现强国梦的重要条件。乡风文明是乡村振兴的重要组成部分，更是重要保障。乡村文明其实就是社会主义精神文明在乡村的具体化。在推动乡风文明建设过程中，必须坚持物质文明和精神文明一起抓，提升农民精神风貌，培育文明乡风、良好家风、淳朴民风，不断提高乡村社会文明程度。

实现乡风文明，乡村思想道德建设是基础。国无德不兴，人无德不立。乡村振兴发展，更需要以乡村整体思想道德水平的提升做基础，从农民群众日常生活中找准思想的共鸣点和情感的交汇点，培养教育正确的道德判断和道德责任，引导形成积极的道德意愿和道德情感，把社会主义核心价值观内化成农民群众的思想自觉和行为自觉。

实现乡风文明，传承优秀传统文化是关键。中华文明源远流长，历久弥新，孕育了丰富而宝贵的优秀传统文化。当前，广大农村依然保留着许多历史风俗和文化传统，充分保留地方地域特色，在扬弃中传承仁爱、忠义、礼和、谦恭、节俭等中华优秀传统美德，并阐释赋予新的时代价值和时代意义，主动让乡村优秀传统文化与现代乡风文明发展融合一致，做到传承致远。

（2）优秀传统文化涵育现代文明乡风

文化的主体是人，乡村文化的主体是农民。中华优秀传统文化是中华民族独特的精神标识，对延续和发展中华文明、促进人类文明进步，发挥着重要作用。今天，中国经济社会深刻变革，对外开放日益扩大，互联网技术和新媒体快速发展，各种思想文化交流、交融、交锋更加频繁，对中华文化提出了严峻挑战。能不能守住中华文化的根基，增强中华民族的文化自觉和文化自信，是我们面临的迫切任务，需要我们进一步深化对中华优秀传统文化的认识，深入挖掘其价值内涵，激发优秀传统文化的生机与活力，用中华优秀传统文化铸造中华民族之魂。

二、乡村自治体系建设

（一）打造村民自治运转体系

1.构建乡村多元治理机制

改革开放四十多年，中国的市场经济飞速发展，城镇化程度进一步加深，使得乡村治理结构发生巨大改变。乡村治理需要做好以下三个方面的工作。一是要实现治理主体的多元化，让主体不易缺位。村民是乡村发展的生力军，村民的素质直接会影响乡村治理的成效，要加强素质教育提高村民综合素质，就是要塑造现代化村民，正如美国现代化问题专家艾利克斯·英格尔斯（Alex Inkeles）指出："再完美的现代制度和管理方式，再先进的技术工艺，也会在一群传统人中变成废纸一堆。"现代化村民表现为拥有较高的政治素养、高度的参与和责任意识、有协作精神、掌握一定的专业技能，这就对乡村治理中村民的自身发展提出了更高要求。二是要实现治理内容的多元化，让内容不再偏位。随着乡村的发展，村民的利益诉求日趋多元化，因此当前的乡村治理内容需要从教育、养老、医疗、宅基地、土地流转等方面来全面保障村民的各项权益。三是实现治理程序的多元化。乡村治理程序主要包括选举、决策、管理、监督四个主要环节，在这四个环节中要充分发扬民主集中制的精髓，使治理程序由自上而下的命令式转为自下而上的互动式，让不同治理主体都能参与到治理程序中来，形成乡村治理的合力。

2.完善乡村民主监督机制

乡村民主监督是乡村治理正常运转的最后屏障，是乡村民主政治的重要环节。村民自治中要解决乡村民主监督存在的问题，应做到以下三点：一是要完善乡村会议及代表会议的相关法律制定，让村民真正得到实权，村民只有明确自己与村民委员会（政府）的职权关系，才能使村民监督有理有据；二是要健全民主监督组织，增强村民监督的后援力量，推行村级事务阳光工程，让村民的监督不再无力；三是要提高村民的监督意识，加大有关监督意义的宣传力度，在潜移默化中提高村民的监督意识。

（二）打造村民自治考评体系

1. 构建多元的考评主体

乡村治理的出发点和归宿是不断满足广大村民对美好生活的追求，但要实现这一目标，关键条件是要提升乡村治理主体的治理水平和能力。乡村治理是一项系统性工程，需要充分调动多元治理主体的能动性，发挥各自的智慧和优势。当前，在乡村治理中考评主体的单一性，使得考评无法真正衡量出治理主体的多元性效能，也就无法充分调动乡村多元治理主体的治理积极性，提升其治理智慧。

科学的考评体系可以提升乡村干群的现代化治理意识，在乡村的所有变革中思想意识的变革是其先导，在考评体系中加入一些现代民主、自治合作、平等参与的理念，激发乡村干群的治理协作意识，因此考评体系建设应该注重多元性，实现乡村干群考评主体的多元参与，为乡村治理注入活力。

2. 制定科学的考评内容

科学的考评内容是考评体系的关键，考评内容的设计应以满足村民美好生活的需要为根本，把村民最关心、最直接、最现实的问题加入考评内容中去，使村民的生活更加幸福安康。

三、乡村法治体系建设

（一）完善乡村法治运行体系

1. 完善乡村治理法律制度

法律是治村之利器，良法是善治之基础。提升乡村治理法治化水平，必须充分发挥立法引领作用，坚持立法问题导向，提升法律的质量及有效性，始终恪守立法为民的价值追求，使每一部乡村法律都能够符合村民的人身安全、经济及政治利益等。

2.强化乡村治理执法保障

法制是法治之前提，执法是法治之关键。法治是一种法律至上、依法办事的治理理念及方式，是把法律作为一种公共权威，任何人及组织都不能与之相对抗的治理底线。

（二）完善乡村法治普法体系

1.完善乡村普法维度，构建乡村普法"大格局"

在乡村治理过程中，村民对法律、法治的需求日益增长，要利用建设乡村治理体系的契机，加强乡村普法教育，构建乡村普法新格局，为乡村法治提供良好的法治环境。

2.加强乡村普法宣传，实现新时代乡村法律宣传"大作为"

随着我国经济社会的迅速发展与基层民主政治建设的不断完善，乡村的干部与村民的法律意识和法律自觉有了明显提升，但乡村普法宣传还存在一系列问题。要构建乡村法律宣传大格调，一方面，需要创新法律宣传方式，拉近法律与村民的距离；另一方面，要在宣传方式上入手，改变过去机械式灌输法律条文的方式，通过更加形象直观的方法加深村民研读法律的兴趣。针对乡村务农人员生活自由、无固定时间的特点，法律宣传可采取手机QQ、微信、广播、宣传栏等方式；针对乡村老年群体无网络化、视觉听力差的特点，可采取挂历、墙画等方式；针对乡村进城务工人员基本都属于青年且工作环境分散的特点，可采取短信、互联网教育的方式展开；针对乡村留守儿童理解力强的特点，可采取漫画故事、法制书屋等方式。此外，应整合乡村法治队伍，落实乡村法律援助。普法宣传是一项系统性工程，需要乡村各方力量整体协作，要努力建设一支高素质、高能力的宣传队伍，充分利用乡镇司法所、派出所及法律基层服务人员的各自作用，由村委推荐、村民选举、党员干部牵头，建设一支由乡村老干部、老党员、辈分高及名望高的人员组成的法律宣传队伍，增强法律宣传的影响力。另外，派驻乡村基层法律服务人员，主要担负法律宣传的指导、解释工作。

（三）完善乡村法治保障体系

法律知识是乡村法治的基础和前提，知法于心才能守法于行。一方面，要加强乡村的"关键少数"带头学法用法，切实提高自己的依法行政能力，做到"事事依法、时时守法"，将普法守法融入乡村管理和服务的各个环节，强化乡村干部的依法办事能力和广大农民的依法维权意识。另一方面，要优化法治队伍。法治队伍建设是乡村法治的基础，要优化法治队伍年龄结构，坚持人才培养的干部用人方向，加强社会主义核心价值观塑造及专业化培训，着力建设一支懂农业、爱乡村、爱农民的专业法治工作队伍。

参考文献

[1] 孔祥智. 乡村振兴的九个维度 [M]. 广州：广东人民出版社，2018.

[2] 刘汉成，夏亚华. 乡村振兴战略的理论与实践 [M]. 北京：中国经济出版社，
    2019.

[3] 黄郁成. 城市化与乡村振兴 [M]. 上海：上海人民出版社，2019.

[4] 王忞，马翠霞. 基于地域文化的新农村景观规划与设计 [M]. 成都：电子科技
    大学出版社，2019.

[5] 王宝升. 地域文化与乡村振兴设计 [M]. 长沙：湖南大学出版社，2018.

[6] 彭震伟. 乡村振兴战略下的小城镇 [M]. 上海：同济大学出版社，2019.

[7] 蔡竞. 产业兴旺与乡村振兴战略研究 [M]. 成都：四川人民出版社，2018.

[8] 袁建伟，曾红，蔡彦，等. 乡村振兴战略下的产业发展与机制创新研究 [M].
    杭州：浙江工商大学出版社，2020.

[9] 陈蕊. 地域文化特色中新农村生态旅游设计的保护与开发 [M]. 沈阳：辽宁大
    学出版社，2018.

[10] 付翠莲. 乡村振兴战略背景下的农村发展与治理 [M]. 上海：上海交通大学出
    版社，2019.

[11] 高溪. 乡村振兴战略背景下特色保护类村庄空间发展策略研究 [D]. 北京：北
    京建筑大学，2020.

[12] 王真月. 乡村振兴战略背景下集聚提升类乡村空间发展策略 [D]. 北京：北京
    建筑大学，2020.

[13] 刘洋. 乡村振兴战略背景下城郊融合类村庄空间发展策略研究 [D]. 北京：北
    京建筑大学，2020.

[14] 李青. 江苏乡村振兴的伦理审视 [D]. 南京：南京林业大学，2020.

[15] 刘萍. 乡村振兴背景下乡村旅游景观规划设计策略研究 [D]. 济南：山东建筑
    大学，2020.

[16] 刘海旭. 江汉平原乡村地域功能变化及乡村振兴 [D]. 武汉：华中师范大学，2020.

[17] 周荣荣. 湖南省乡村振兴的地域类型及实施路径研究 [D]. 长沙：湖南师范大学，2020.

[18] 莫智斌. 城乡住宅用地权能差异研究 [D]. 杭州：浙江大学，2019.

[19] 郜清攀. 乡村振兴战略背景下乡镇政府公共服务能力研究 [D]. 长春：东北师范大学，2019.

[20] 张世定. 改革开放以来中国共产党乡村文化建设研究 [D]. 兰州：兰州大学，2019.

[21] 谭悦彤. 基于地域文化重塑的乡村规划设计方法及实践研究 [D]. 长春：长春工程学院，2019.

[22] 杨雯琼. 以观光体验型乡村振兴为目标的乡村建筑改造设计研究 [D]. 北京：北京建筑大学，2019.

[23] 张明晓. 乡村振兴战略下钱塘江流域传统村落空间保护与更新研究 [D]. 杭州：浙江工业大学，2019.

[24] 徐爽. 多功能视角下济南乡村发展模式与振兴路径探析 [D]. 北京：中国地质大学，2019.

[25] 张易. 乡村振兴战略视角下美丽乡村的建设实效评价与策略研究 [D]. 上海：华东理工大学，2019.

[26] 张泽宇. 乡村振兴战略背景下景观设计研究 [D]. 马鞍山：安徽工业大学，2019.

[27] 陈铁衍. 乡村振兴视角下的包装设计与品牌创新 [D]. 株洲：湖南工业大学，2019.

[28] 余涛. 乡村旅游发展对地域乡村振兴促进作用研究 [D]. 郑州：河南财经政法大学，2019.

[29] 刘晓宇. 乡村振兴背景下苏州特色田园乡村规划策略研究 [D]. 苏州：苏州科技大学，2018.

[30] 张欣. 湖南"桃花源"地域文化驱动的乡土产品设计研究与实践 [D]. 长沙：湖南大学，2018.

[31] 张维正. 地域文化背景下的乡村振兴探索 [J]. 山西农经，2021（04）：23-24.

[32] 李小建，胡雪瑶，史焱文，等. 乡村振兴下的聚落研究：来自经济地理学视角 [J]. 地理科学进展，2021，40（01）：3-14.

[33] 戴逸君，徐媛媛，芮颖，等. 生活美学与创新设计：2020 第六届东方设计论坛综述 [J]. 中国名城，2021，35（01）：88-94.

[34] 刘宁，王少宇，赵梦苛，等. 乡村振兴背景下坑青布技艺传习所设计 [J]. 染整技术，2020，42（12）：52-55.

[35] 刘盛峰，朱祖林，郭允建，等. 远程教育精准扶贫受众获得感测评 [J]. 中国远程教育，2020（12）：11-17.

[36] 谭超，徐运保. 乡村振兴背景下乡村生态旅游经济发展：评《地域文化特色中新农村生态旅游设计的保护与开发》[J]. 广东财经大学学报，2020，35（06）：117-118.

[37] 李建攀，王元，孙玫璐. 乡村振兴背景下农村成人学校传承传统地域文化的路向反思：以咸祥成人学校"文化生态圈"项目为例 [J]. 中国成人教育，2020（20）：92-96.

[38] 张祝平. 乡村旅游如何激活地域文化密码 [J]. 人民论坛，2020（25）：138-139.

[39] 郑皓华，李依霖. 乡村振兴背景下赣鄱地区特色农产品品牌竞争力探析 [J]. 湖南包装，2020，35（04）：106-109.

[40] 韩宁，李清. 乡村振兴视野下地域文化在新农村环境设计中的应用研究 [J]. 农村经济与科技，2020，31（16）：225-226.

[41] 贺莹. 乡村振兴背景下文创旅游促进乡村经济发展的模式研究 [J]. 农村经济与科技，2020，31（16）：58-59.

[42] 苏颖仪，陈伟. 乡村振兴背景下农产品包装创新设计策略 [J]. 乡村科技，2020，11（23）：50-51，54.

[43] 邓睿，储凯锋. 基于地域文化保护与传承的传统村落规划设计研究：以上窑村的规划设计为例 [J]. 通化师范学院学报，2020，41（07）：35-39.

[44] 王盼，侯爱敏. 城镇密集区乡村振兴特殊性与发展路径研究 [J]. 建筑与文化，2020（06）：82-83.

[45] 张晓翠. 乡村振兴背景下特色小镇建设的文化设计 [J]. 社会科学家，2020（06）：86-90.

[46] 刘孝斌，沈艳. 方言、乡村不均衡发展与乡村振兴 [J]. 经济与社会发展，2020，18（02）：35-43.

[47] 徐惠娴，侯爱敏. 基于地域文化的乡村振兴要点研究 [J]. 建筑与文化，2020（04）：56-57.

[48] 谭忠艳，吴祖鲲. 文化史视阈下乡村振兴的内在机理与实践路径：以吉林文化为主要关切点 [J]. 长白学刊，2020（02）：138-143.

[49] 马丁，李方雨，彭佳辉. 乡村振兴视阈下农家书屋及国学课程对地域文化发展的研究 [J]. 商讯，2020（07）：151，153.

[50] 闵睿，孙彤宇. 乡村振兴语境下陇中地区生土建筑的保护与更新策略：以甘肃省定西市通渭县为例 [J]. 西部人居环境学刊，2020，35（01）：66-73.

[51] 李宏英. 乡村振兴战略下农产品品牌形象提升路径研究 [J]. 经营管理者，2020（01）：64-65.

[52] 徐点点，张思琦，王彬汕. 乡村振兴背景下韶关梅花镇深塘村旅游景观规划设计初探 [J]. 广东园林，2019，41（06）：61-65.

[53] 符高翔. 乡村振兴战略下乡村建设的规划策略探究 [J]. 安徽建筑，2019，26（11）：30-31，53.

[54] 刘传俊，姚科艳. 乡村振兴背景下乡贤文化的时代价值与建设路径 [J]. 华中农业大学学报（社会科学版），2019（06）：14-20，160.

[55] 刘霖. 乡村振兴视域下民宿形象设计思路 [J]. 艺术与设计（理论），2019，2（10）：64-65.

[56] 李畅，赵艺源. 乡村振兴战略背景下陕西特色村镇旅游可持续扶贫发展研究 [J]. 湖北农业科学，2019，58（19）：45-48，56.

[57] 单馨雨，陈西羽，吴涛. 基于地域文化的特色田园乡村规划设计与营建：以睢宁县鲤鱼山村为例 [J]. 农村经济与科技，2019，30（17）：279-281.

[58] 孙喜红，贾乐耀，陆卫明. 乡村振兴的文化发展困境及路径选择 [J]. 山东大学学报（哲学社会科学版），2019（05）：135-144.

[59] 齐骥."两山"理论在乡村振兴中的价值实现及文化启示 [J]. 山东大学学报（哲学社会科学版），2019（05）：145-155.

[60] 万洁堃，董宁倩，韦晓娟."乡村振兴"背景下的广西桂北乡村景观设计策略探析 [J]. 科技创新与生产力，2019（08）：26-29.

[61] 何超海. 乡村振兴战略视角下的古村落保护和创新研究：以四川自贡三多古寨为例 [J]. 建筑与文化，2019（07）：96-97.

[62] 樊丽，朱晓敏，张颖，等. 成都美丽乡村建设中的地域特色表达 [J]. 四川旅游学院学报，2019（04）：61-65.